图像的传递与传播

——中国传统寺观壁画粉本研究

李丹 著

江苏凤凰美术出版社

图书在版编目（CIP）数据

图像的传递与传播：中国传统寺观壁画粉本研究 / 李丹著. -- 南京：江苏凤凰美术出版社，2023.9
 ISBN 978-7-5741-0321-4

Ⅰ.①图… Ⅱ.①李… Ⅲ.①寺庙壁画－研究－中国 Ⅳ.①K879.414

中国国家版本馆CIP数据核字（2023）第175340号

出 品 人　陈　敏
选题策划　毛晓剑
责任编辑　王　煦
装帧设计　曲闵民　赵　秘
责任校对　吕猛进
责任监印　生　嫄
责任设计编辑　孙　悦

书　　名	图像的传递与传播：中国传统寺观壁画粉本研究
著　　者	李丹
出版发行	江苏凤凰美术出版社（南京市湖南路1号　邮编：210009）
制　　版	南京新华丰制版有限公司
印　　刷	南京爱德印刷有限公司
开　　本	787mm×1092mm　1/16
印　　张	11
版　　次	2023年9月第1版　2023年9月第1次印刷
标准书号	ISBN 978-7-5741-0321-4
定　　价	188.00元

营销部电话　025-68155675　营销部地址　南京市湖南路1号
江苏凤凰美术出版社图书凡印装错误可向承印厂调换

　　李丹，2020年中央美术学院研究生院博士毕业，系中国美术家协会会员，中国服装协会会员，中国壁画学会理事。现任教于中国美术学院。2010年参绘山西大同华严寺壁画。2011年参绘孙景波主持的大型壁画《大同世界》。读博期间参绘孙景波主持的《贞观盛会》，作品被国家博物馆收藏。参与大型壁画"常德画墙"的设计与制作。承担文化和旅游部"国家主题性美术创作项目"《美丽新疆》的绘制作品被中国美术馆收藏；参绘大型壁画《太原天龙山天龙寺壁画》，主持绘制天龙寺文殊、普贤殿大型壁画《文殊经变图》《普贤经变图》。作品《妙音花语》入选第十三届全国美展壁画进京作品展；参与绘制中国北京世界园艺博览会中国馆大型金屏重彩壁画《春色满园》。绘制《习近平总书记在广西》"不忘初心·继续前进——庆祝中国共产党成立100周年"大型美术创作工程。

目 录

前言　　　　　　　　　　　　　　　　　　　　　　001

一　中国传统壁画中"粉本"概念的界定

第一节　狭义的"粉本"概念　　　　　　　　008
第二节　广义的"粉本"概念　　　　　　　　030
第三节　粉本的延伸　　　　　　　　　　　　036
小结　　　　　　　　　　　　　　　　　　　041

二　中国传统壁画中粉本的应用与拓展

第一节　固守与拓展——以开化寺与岩山寺为例　048
第二节　师法与师承——以青龙寺和兴化寺为例　058
第三节　近似与不似——以毗卢寺和公主寺为例　073
第四节　式样与样式——以多福寺和崇善寺为例　085
小结　　　　　　　　　　　　　　　　　　　093

三　粉本的价值

第一节　粉本对中国壁画发展的教育价值　　　095
第二节　粉本对传统文化与图像传承的价值　　102
第三节　粉本对中国造型语言、审美情趣的传播价值
　　　　　　　　　　　　　　　　　　　　　115
小结　　　　　　　　　　　　　　　　　　　122

四 现代壁画中粉本的应用

第一节　传承与重现——以北京雍和宫法轮殿壁画重绘为例　124

第二节　重构与再生——以《大同世界》壁画为例　131

第三节　迦陵频伽形象粉本整理　137

小结　154

结论　155

参考文献　158

附录　163

致谢　170

前言

《图像的传递与传播——中国传统寺观壁画粉本研究》，在选题上以小见大，以"粉本"这个通常被视为传统绘制程序中的一个环节入手，从狭义的"粉本"到广义的"粉本"概念的生成与发展及其对传统壁画价值所进行的分析，为我们更好地梳理中国传统壁画的绘制理法提供了研究依据并应用于实践。粉本的使用在实现图像的传递过程中，在中西方绘画尤其是在壁画创作中，从古至今一直是绘制过程中的重要环节。

本书力求通过资料的收集、归纳和总结，为粉本的艺术价值以及为研究粉本的意义提供夯实的论据。选题的思考从壁画的绘制中来，希望通过对粉本的研究，梳理出传统壁画的绘制理法；厘清概念，总结出粉本在中国传统壁画的传承与发展中的重要作用。

在遗存的摩崖石刻壁画、墓室壁画、石窟壁画和寺观壁画中，选择最具中国传统壁画特征的寺观壁画作为研究对象，通过对不同的寺观现存壁画的图像对比研究，并以西方绘画中湿壁画、坦培拉与中国传统壁画的粉本相近的程序进行比对，找出它们彼此之间的相同之处与不同之处，以及存在的文化差异。总结出粉本的使用与发展规律，对众说纷纭的粉本概念加以界定，定义出狭义的粉本和广义的粉本、粉本的师法与师承；总结出中国传统壁画粉本应用过程中的规律与特点，概括为"固守与拓展、师法与师承、近似与不似、式样与样式"并论及粉本对审美观念的影响及传播功能，尽量避开别人论及或过多论述的问题；研究粉本的教育价值、图像传承的价值、审美情趣传播的价值，以及在当代壁画中的应用与拓展，并对吴道子画风及晋南壁画群进行重点论述。着重分析了晋南民间画工领袖朱好古的艺术风格样式，以及对后世的影响。旨在站在史学与实践的角度重新审视中国传统壁画并进行深度的解读，让粉本的价值体现在当代，在艺术多元的当下创作出新的能够有足够的文化自信的粉本，具有中国文化的导向性与示范价值。对粉本的研究可以解析中国和西方壁画创作传统中继往开来的流变踪迹，可以更好地传承中国传统壁画精神、传播中国文化及其价值观。将粉本的研究从理论回到实践并融入实践中去，创作出具有时代特征的壁画。

选题缘起及研究意义

　　从第一次上墙学习绘制中国传统壁画开始，到现在已有10个年头。在中国传统壁画的学习中，有些名词、概念以及特定的称谓，是在实践中通过老师、同学口口相传而渐渐熟悉的，但同时也渐渐地发现有些经常说的词语其实自己并没有做到知其然且知其所以然。"粉本"这个概念伴随着"画稿、画样、稿本、小稿、小样、范本、摹本、白描、白画、画谱"等这些称谓，出现在中国传统壁画的实践中，所以厘清它们之间的关系，对研究中国传统壁画绘制理法是十分必要的。这些称谓具体所指各有侧重，粉本究竟指什么？这个看似中国传统重彩壁画的"小问题"，渐渐成为我最为关注的学术问题。对粉本的缘起与发展、师法与师承、衔接与对应、程序与流变等诸多追问，试图通过找第一手资料，做田野调查，从残墙破壁中、从榜题手书中感悟历史变革与世道的沧桑，叹息庙门金字额、壁画半凋零的现实。我用与绘画时间并重的精力投入，进行梳理与归纳。穿越在东西方的图像生成、流变、传递与传播之间。通过比较、探寻，试图能够接近历史的真实，找到粉本的源头；通过研究，了解粉本的学术发展脉络与价值所在。

我以粉本为切入点，试图探寻壁画发展的进程，系统地梳理中国传统壁画绘制的流程及关键节点，始知中国传统壁画容纳百川、浩瀚如海。粉本关联的是庞大深厚的中国传统绘画系统，从历史角度分析起源、发展、完善需要有扎实的史学基础，从绘制角度来看造像法则、骨法用笔、位置经营、传移模写到品评更是传统壁画绘制理法的具体体现。我查阅了相关资料和论著，虽有许多名人大家高屋建瓴的分析，但都与我对中国传统壁画的认识难以契合。我投入这项研究，在石窟壁画、墓室壁画与寺观壁画中，首先避开关注点多又有较多实例的石窟和墓室壁画，选择了难度大但成为壁画正宗的寺观壁画。寺观壁画从唐代至民国有大量遗存，但为绘制壁画所作的粉本几乎荡然无存、少有踪迹。我会为点滴的发现心中暗喜，激动不已；也会因第一手资料的匮乏，陷入写作的瓶颈而为难。但我深知，作为一个壁画实践者，在实践中逐步认识到粉本对于壁画创作的重要性。中国传统壁画绘制理法的实践对于每一个壁画人来说任重而道远，将中国优秀的传统壁画艺术传承下去，通过粉本厘清路径，以及粉本在壁画上墙制作进行图像的转移和绘制，看似是技术性的问题，实则承载了艺术的深厚的精神性。通过这部论著的撰写，我希望自己补充更多的专业知识，阅读专业书籍，整理图像资料，为这部论著的撰写提供更多翔实的依据；同时，也希望通过理论学习，系统地梳理自己的专业知识。在理论联系实际、指导实践的转换中，深层地领悟中国传统壁画及绘制理法的源流以及粉本在壁画传承中的魅力，能够继承和发扬传统壁画的绘制理法并融入实践中。

在对粉本的研究中，以敦煌为例，因为藏经洞的发现对敦煌的研究有了更多的进行研究分析的实证。这其中有以下几种说法：饶宗颐先生把敦煌画稿归入"敦煌白画"[1]。"素画""起样""白画""白描""粉本""模拓""刺孔"等扩大画稿的范围（这里的"粉本"是白画的一种）。最早所见日本秋山光和先生研究敦煌画稿时就以"粉本"命名，如《弥勒下生经变白描粉本》[2]。我认为秋山光和先生命名的并非"刺孔"类粉本，应该着重指明的是广义的粉本概念。后有姜伯勤先生[3]和胡素馨女士[4]均仍以"粉本"统称敦煌画稿，而且考虑到"粉本"有狭义和广义之分，狭义指"刺孔"类画稿，广义指一般的画样画稿。沙武田教授取较为大众化之意义和"粉本"之广义的一面，按元明清以来画论诸家所言"古人画稿谓之粉本"，取"画稿"一词，发表著作《敦煌画稿研究》[5]。在本书中我将从实践的角度剖析粉本在传统寺观壁画领域的概念内涵。从实践的角度，狭义的粉本实现图像完成壁上的转移，广义的粉本成为绘制壁画的前提和保障。从实践出发，粉本的概念和作用，无论狭义和广义，仿佛都能够经历时光的隧道，只为成就壁上丹青而来。

[1] 饶宗颐：《敦煌白画》，《法国远东学院考古学刊》，1978年巴黎版。

[2] [日]秋山光和《弥勒下生经变白描粉本（S.0259v）和敦煌壁画的制作》，载于西域文化研究会编：《西域文化研究（六）·历史与美术的诸问题》，1963年。

[3] 姜伯勤：《敦煌的"画师""绘画手"与"丹青上士"》，载于《敦煌艺术宗教与礼乐文明》，中国社会科学出版社，1996年版，第32—54页。

[4] [美]胡素馨：《敦煌的粉本和壁画之间的关系》，载于《唐研究》第3卷，北京大学出版社，1997年版，第437—443页。

[5] 沙武田：《敦煌画稿研究》，中央编译出版社，2007年版，第4页。

粉本研究现状、文献综述（按出版时间排序）

作者	出版著作	相关介绍	出版时间
秋山光和	《弥勒下生经变白描粉本（S.0259v）和敦煌壁画的制作》《劳度叉斗圣变白描粉本（P1293）与敦煌壁画》		
向达	《莫高、榆林窟二窟杂考》	载《唐代长安与西域文明》。	1957年
饶宗颐	《敦煌白画》	饶宗颐先生是研究敦煌藏经洞粉本的第一人，1978—1979年在法国讲学期间，著《敦煌白画》一书，开敦煌粉本研究的先河。	1979年，法国，远东学院出版中文、法文版
大英博物馆、日本讲谈社	《西域美术》1—3册	第1册和第2册为"敦煌绘画"，第3册为"染织·雕塑·壁画"，书内所收大英博物馆藏敦煌艺术品，皆来自斯坦因的捐赠。	1983年
杨泓	《意匠惨淡经营中——介绍敦煌卷子中的白描画稿》		1993年
姜伯勤	《论敦煌的"画师""绘画手"和"丹青上士"》	载《敦煌艺术宗教与礼乐文明》。	1996年
胡素馨	《敦煌的粉本和壁画之间的关系》	对流失在英国、法国的敦煌藏经洞粉本的观摩和研究。	1997年，北京大学出版社，《唐研究》第3卷

作者	出版著作	相关介绍	出版时间
张惠明	《有关佛教绘画图像的画样与底本问题——以敦煌画迹为中心》		2003 年
山崎淑子	《试论敦煌莫高窟第217窟》		2003 年
沙武田	《敦煌画稿研究》	对已知敦煌藏经洞粉本并结合敦煌壁画进行详细的研究，写有多篇论文。	2006 年，民族出版社
马炜、蒙中	《西域绘画：敦煌藏经洞流失海外的绘画珍品》	将流失在英国的主要绢本、纸本绘画及部分粉本收录编辑成画册，共10册。	2010 年，重庆出版社
杨宝生	《中国建筑彩画粉本》	对历史资料进行充分的挖掘、整理、分析并加以总结，全书原创性极高，史料翔实。	2018 年，中国建筑工业出版社

第一章

中国传统壁画中"粉本"概念的界定

  古人有关粉本的论述，历代都有画史、画论记载，但当下科技的迅猛发展，现代材料的日新月异已是古今两重天。对粉本而言，我们赞叹古人的智慧和创造，感怀他们的勤奋与才华。对于"粉本"概念的认定既要忠于古训，更有必要从当代实践中去重新认知，将概念内化到我们的创作中，以便指导实践，传承中国传统文化，更好地践行中国传统壁画的绘制理法。

第一节
狭义的"粉本"概念

唐代吴道子曾于大同殿内画嘉陵江山水三百余里，一日而毕。玄宗问其状，奏曰："臣无粉本，并记在心。"这是我初次接触"粉本"这个概念，这里的"粉本"为何？

2010年本人参加了山西大同寺观壁画的重绘工程，在绘制过程中，通过手绘稿、电脑合成，最终打印成与墙壁等大的1:1线稿。老师教我们制作了一种叫"捻纸"的深土红色的纸，将线稿拷贝上墙（这里的"墙"有时是指依据墙体制作的方便异地安装的仿地丈的木板）。这种"捻纸"据说古已有之，在古代没有电脑不能对图像进行合成加工，没有打印机，甚至不可能有如此大的纸张来制作1:1等大的壁画稿的情况下，那么多优秀的传统壁画是如何绘制完成的？很多问题与我近期的研究都重叠出现，成为无法绕开的学术课题。

同样的疑问：西方绘画体系下的湿壁画以及蛋彩画的绘制与中国传统壁画的绘制方法有什么异同？"粉本"这个概念在西方坦培拉和湿壁画技法中实现图像的传递与转移的方法与中国的壁画是否类似？我试图通过比较分析得出答案。

（1）西方绘画中图像转移方法分析

被誉为"欧洲绘画之父"的乔托是意大利文艺复兴的开拓者。乔托所处的时期对应的是中国的元代，元代的壁画继承了唐宋壁画的精髓。从乔托时期壁画上可见的扎眼痕迹到后世保存有不少扎眼的草图和素描作品，证明了乔托时期图像的转移方式（图1-1-1）。从西方保存完美的扎眼草图上可以看出，扑粉透稿应该不是在草图上进行的，而是在扎眼时同时制作的型纸上完成的。2015年，法籍艺术家戴海英先生来中央美术学院教授坦培拉课程，戴老师在课

图 1-1-1　达·芬奇《扎眼素描》　纸本　1435—1488 年

程中说，西方没有"粉本"这个概念的具体词汇，只有在法语中，法文"carton"原义"纸板"，造型艺术圈里转用作"草稿""草图"的意思。在西方能够看到很多扎了眼的草图，以及完成作品上使用扎眼草图的痕迹（图 1-1-2）。

　　文艺复兴早期，湿壁画创作不用草图。而后在坦培拉技法中，以圣像画为例，中世纪羊皮纸的大规模使用使得坦培拉以及湿壁画的创作形成了一套完备的图像传递的方法。在临摹圣像画时，获得"圣像原本"的制作也分两种：一种是和被复制的原图像等大，比如我要复制一幅圣像画，那么我用蒜汁调和黑色色粉，先在原画上把轮廓线勾勒一遍（圣像画表面有熟油保护层，防水，颜料涂了可以擦掉），然后调和朱砂涂在画面的高光位置，之后对着画面哈气，立即将准备好的羊皮纸压在画面上用力按压，就可以获得一个复制底稿；另一种则是直接根据画面去摹写。使用针孔方式制作的原本也是有的，但是很少。在具体的使用上，背拓法在古代显然是不实用的，因为羊皮纸又厚又硬，很难压印，针孔法较多。而由于圣像

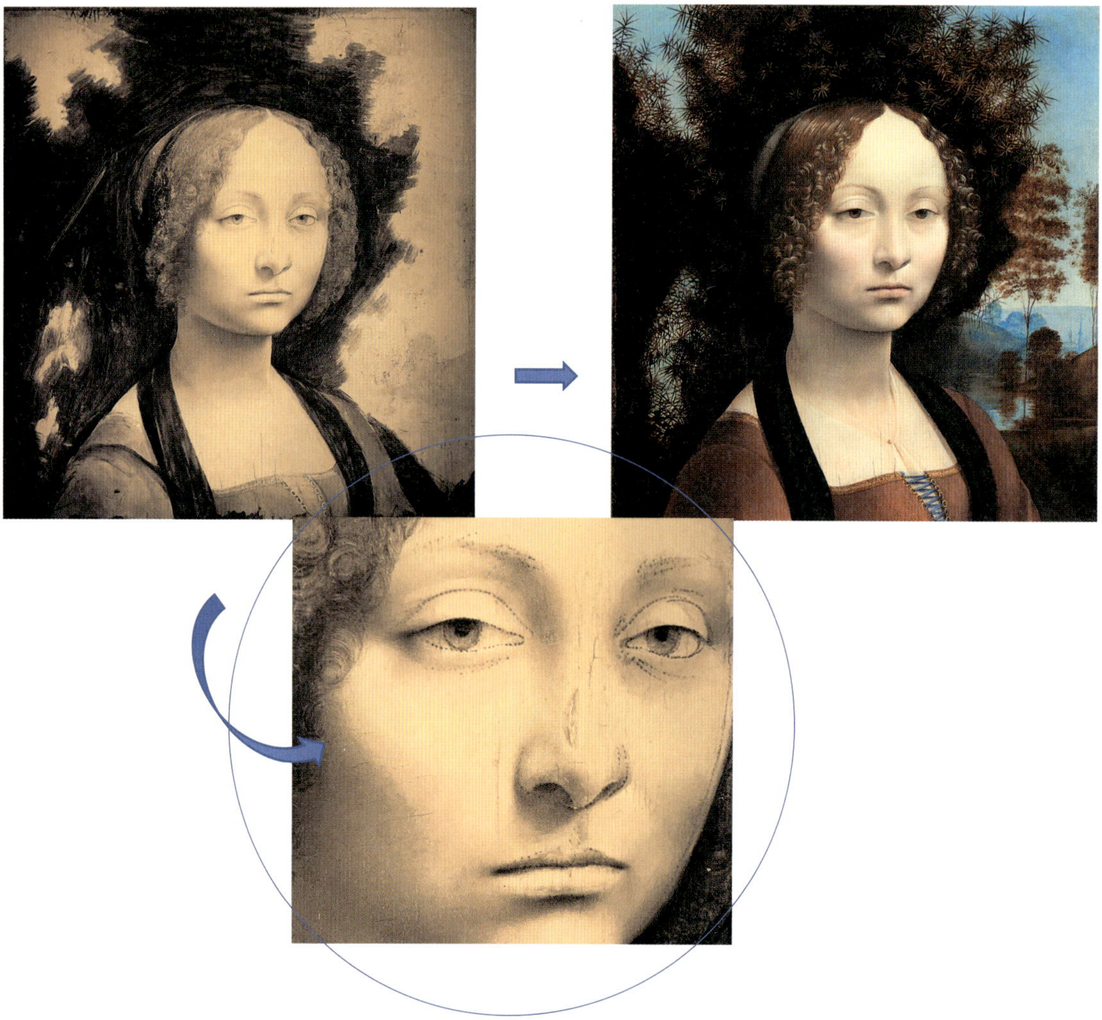

图 1-1-2 达·芬奇油画红外光摄影照片

图 1-1-3 《圣像画家秘诀》，作者：叶卡捷琳娜·伊琳斯卡娅 圣像画课本 图像转移步骤图

原本比较珍贵，画家在复制底稿的时候肯定是先用涂了油的羊皮纸（变透明了）[1]覆在原本上勾画，然后针孔扑粉去转移到壁画或是木板上[2]（莫斯科国立工艺美术大学任念辰博士翻译）。

　　从坦培拉绘画教材中我们得知，临摹圣像画或绘制作品时艺术家会根据画面绘制1:1的素描稿或者线稿，再进行图像的转移，以实现绘制形象的精准。通过在原素描上扎眼的方式制作型纸，制作好的型纸上也会有在画稿背面涂擦色粉，直接用尖头笔勾描形象以

[1] [意]琴尼诺·琴尼尼：《琴尼尼艺术之书：乔托风格之意大利壁画与坦培拉技法》，任念辰译注，河南美术出版社，2017年版，第20页。

[2]Дионисий Фурноаграфиот: Ерминия или наставление в живописном искусстве, 收录于 Секреты ремесла, Стайл А лтд（STYLE A LTD），Москва 莫斯科，1993年，第25、第26、第42页。

010

图1-1-4 19世纪《指引圣母》圣像画粉本 私人收藏

实现透稿的目的。一般不建议在原稿的背面这样做,因为很难保存也很邋遢,在效率当先、复印便捷的现代社会,复印稿件另当别论。在这个过程中,这个型纸或背涂色粉的画稿就完成了图像的传递(图1-1-3)。

这种扎眼扑粉的拓稿方法至少在使用木板胶粉底子的时代,应该是常见和常用的,因为胶粉底子需要保持底稿的干净,而且本身使用木炭直接起稿也会损坏底子,所以说一般情况下,都是采用拓稿的方式。另外,早期油画和坦培拉的写生成分很弱,往往需要精细地刻画,直接在底子上用木炭去做,很难达到需要的精细程度,所以在羊皮纸上画好素描之后去拓稿更合适。而对于圣像画而言,类似的图像重复的拓稿方法可以快速精准地实现圣像画图像的转移(图1-1-4)。

至于扎眼扑粉法的好处,那就是精准度高。背拓法由于是在正面压线,如果你实际操作过就会发现,很容易走形偏差;而扎眼的地方往往都是决定图形形成变化的关键转折点,所以依孔眼扑粉能精准地转移图形的所有变化轨迹(图1-1-5)。依粉痕连接成线,

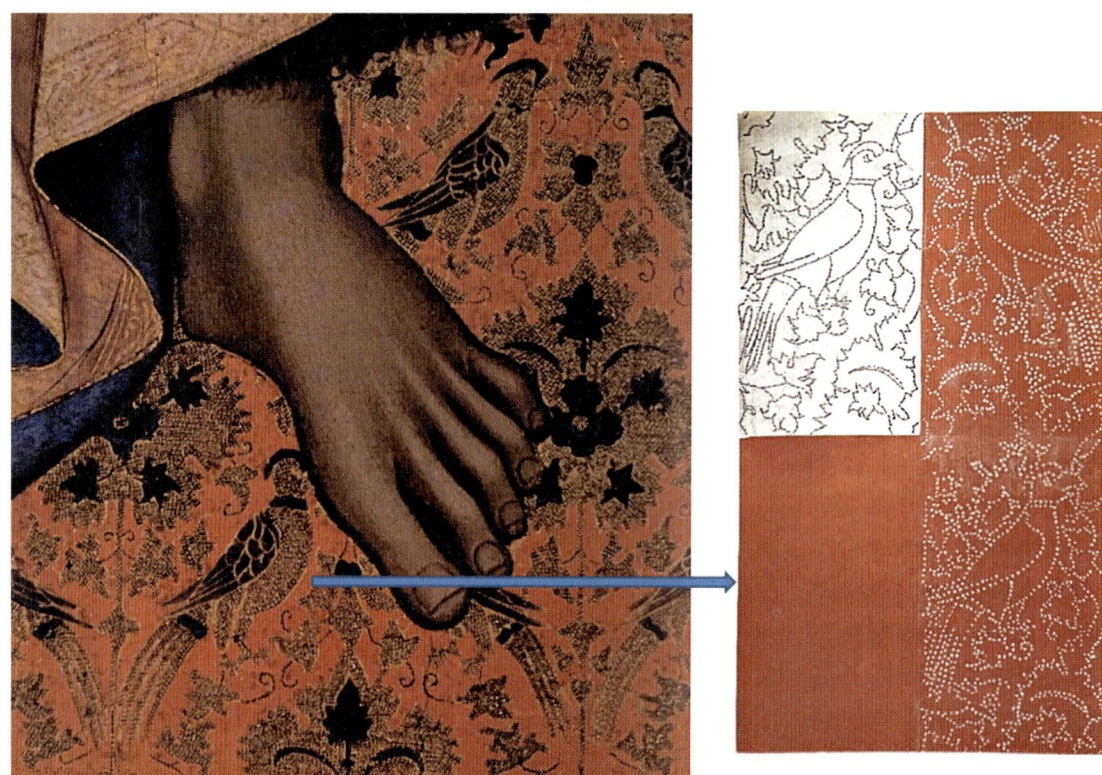

图 1-1-5 圣像画图案针孔绘制方法

图 1-1-6 圣像画粉本 巴黎小宫博物馆圣像画展厅

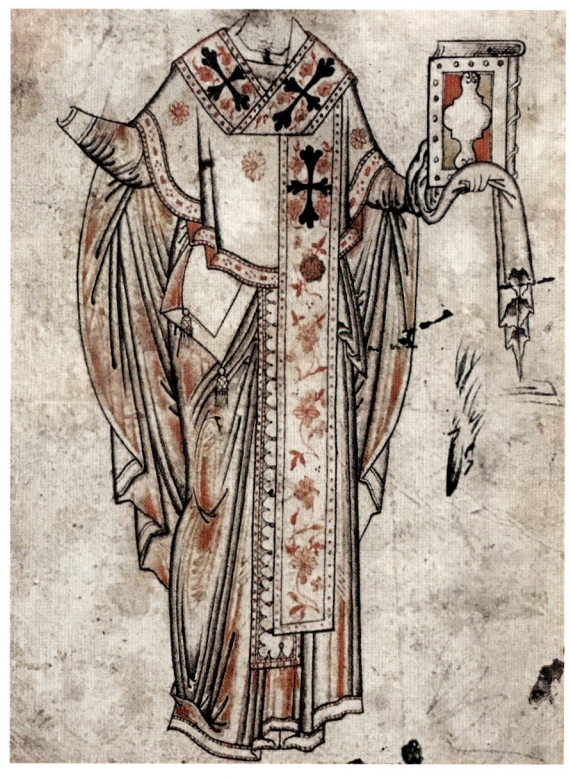

图 1-1-7 19世纪前圣像画（局部）稿本 未标记具体年代

熟练和有经验的画师不但可以转移图像的细微之处，还可以对原稿矫正（图1-1-6、图1-1-7）。另外，受材料的制约和限制，欧洲古代通用的羊皮纸太厚太硬，压线法的效果远比不上扑粉法力透纸背。

类似的方法同样使用在湿壁画的绘制中，操作细节的差别与当时的材料和工具以及绘制习惯有关（图1-1-8）。湿壁画自乔托以后同样采用扎眼或在稿子背面扑粉的方法进行图像的转移。因湿壁画的特殊性，受到一日工作量的限制，所以在一天开始工作之前，为了节省时间，事先一定将整体稿子中今天绘制的部分事先准备好并完成图像的拷贝上墙（图1-1-9）。上墙的方法因工具材料和绘制条件的制约，操作允许的情况下可以先进行扑粉，再依据粉痕连接成线性图形以获得图像；如果面积过大，古时会采用九宫格的放大画稿的方法实现图像的转移（图1-1-10、图1-1-11）。拉斐尔在绘制《埋葬基督》这幅画时就严格地运用了九宫格放稿的方式（图1-1-12）。

类比发现，中国传统壁画绘制中获得墙壁初稿的方法，同样是将小稿的局部或整体按一定比例放大，获得与壁画等大的图稿。至于将小稿放大为成稿的方法，在没有打印机的年代则是用"九宫格法"。元代人王绎的《写像秘诀》中有云：

"作书九宫本九九八十一格，收小即所以放大，将全面框格画于大九宫格内，上顶发际，下齐地角，即用小九宫一个收小，便丝毫不爽。格须斩方。九宫格收放法，只以能画后用之，若初学当熟习起手诀，目力方准。"

九宫格放大法作为中西方壁画都会使用的放稿方法，似乎缩小了中西方壁画绘制方法之间的地域和文化差别。在中国，随着世风

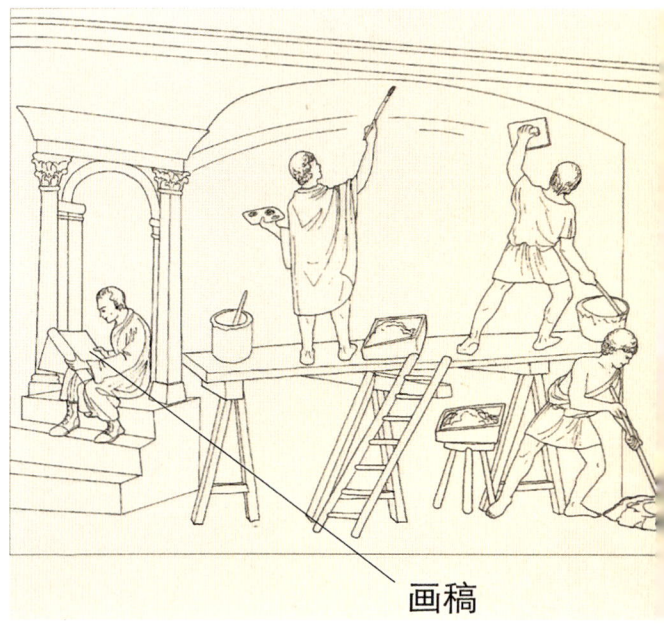

图 1-1-8 公元 2 世纪出土的壁画绘制浮雕及图解

图 1-1-9 乔托壁画一日工作量划分绘制顺序图

图 1-1-10 埃及九宫格石板画

转变，院体绘画退隐民间，相对而言，民间画师比唐宋时期翰林图画院的专业画师创造力有所退化。虽然有粉本为依据，注重传移模写能力的培养，但民间画师个人全面修养的整体退化已是难挽之势，所以比之道释人物画极为兴盛的唐代，像吴道子这类惊天地泣鬼神、有若神灵附体、极具创造力的大师巨匠，开一代画风、领时代潮流的画师凤毛麟角。寻常的民间画工，如果依墙而就，信笔上墙起稿落墨，难以经营位置，更难保证没有粉本参照所绘壁画人物造型的准确性，会受制于作业空间的大小与高度（如较高的墙面要搭建脚手架，会阻挡视线；再如较高的墙面会产生焦点透视，造成画面变形而误判形体的准确度），这必然需要更为简便可行的方法。"九宫格法"便是一种解决画面准确放大的方法，此法是将原画面按照一定的比例，划分成网格状结构，在每一处放大后的格子中，画上小稿的一处局部，格子的数量也不一定只有九格，可依据画面繁简而增删。原有的复杂画面会随之分解，每一格中的内容更少，也就相对更容易绘制。当然，此类方法也是在具备一定造型能力的基础上才能使用，所以王绎在句末称："九宫格收放法，只以能画后用之，若初学当熟习起手诀，目力方准。"采用这种打九宫格的方法，的确可以解决画面上墙以后精准度的问题，但实施起来依旧会有困难，墙体上直接使用"九宫格收放法"的难度受殿宇绘制空间的限制。

（2）中国传统壁画绘制图像转移方法分析

以上所说的九宫格放大画稿的方法是我们有证可循的方法，并且一直沿用至今，在中西方壁画绘制中此方法如出一辙。而中国传统壁画在使用粉本实现图像转移的过程，我们多见于相关文字记载

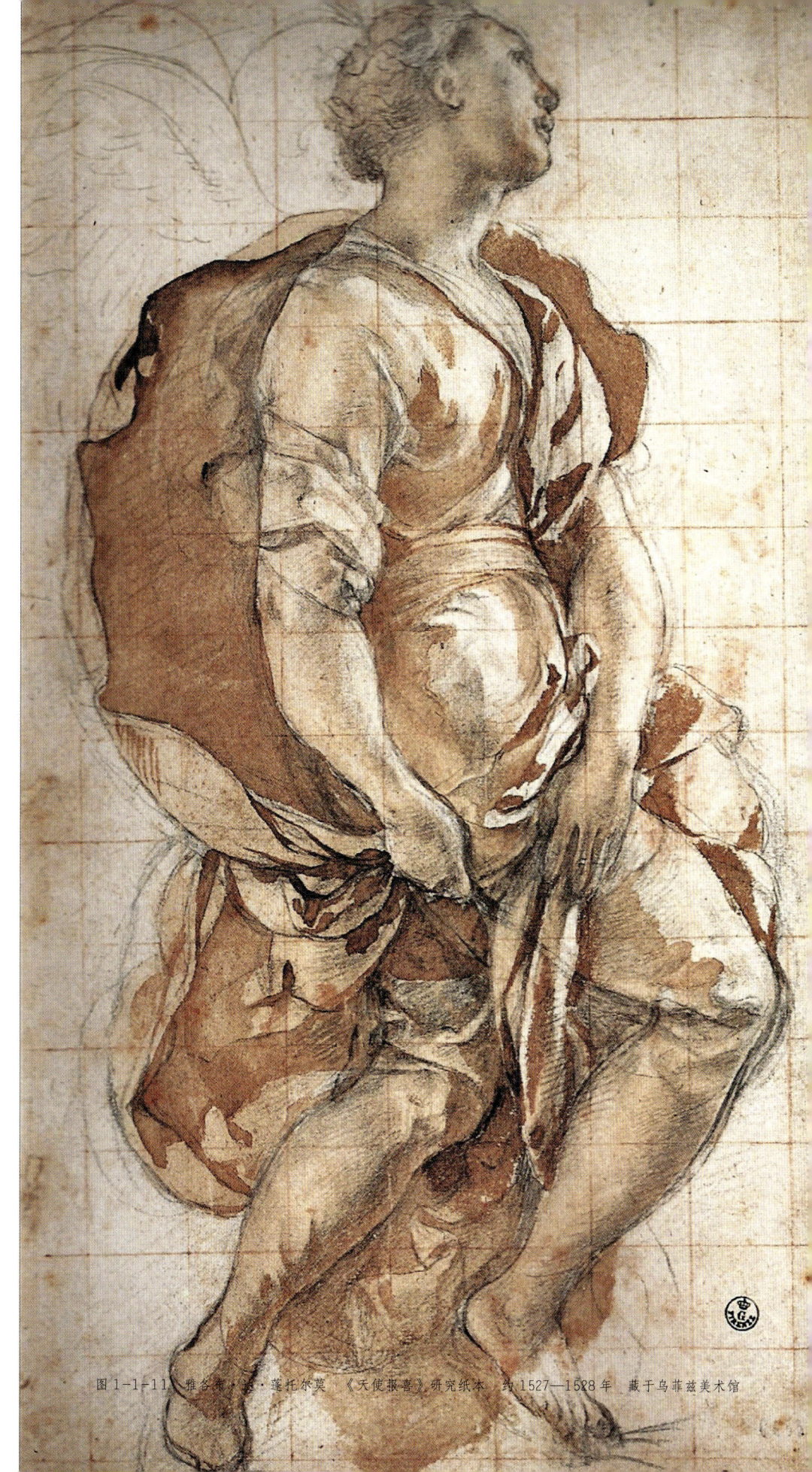

图1-1-11 雅各布·达·蓬托尔莫 《天使报喜》研究纸本 约1527—1528年 藏于乌菲兹美术馆

图 1-1-12 拉斐尔 《埋葬基督》 1507 年 藏于罗马博尔盖塞美术馆（上图：九宫格画稿）

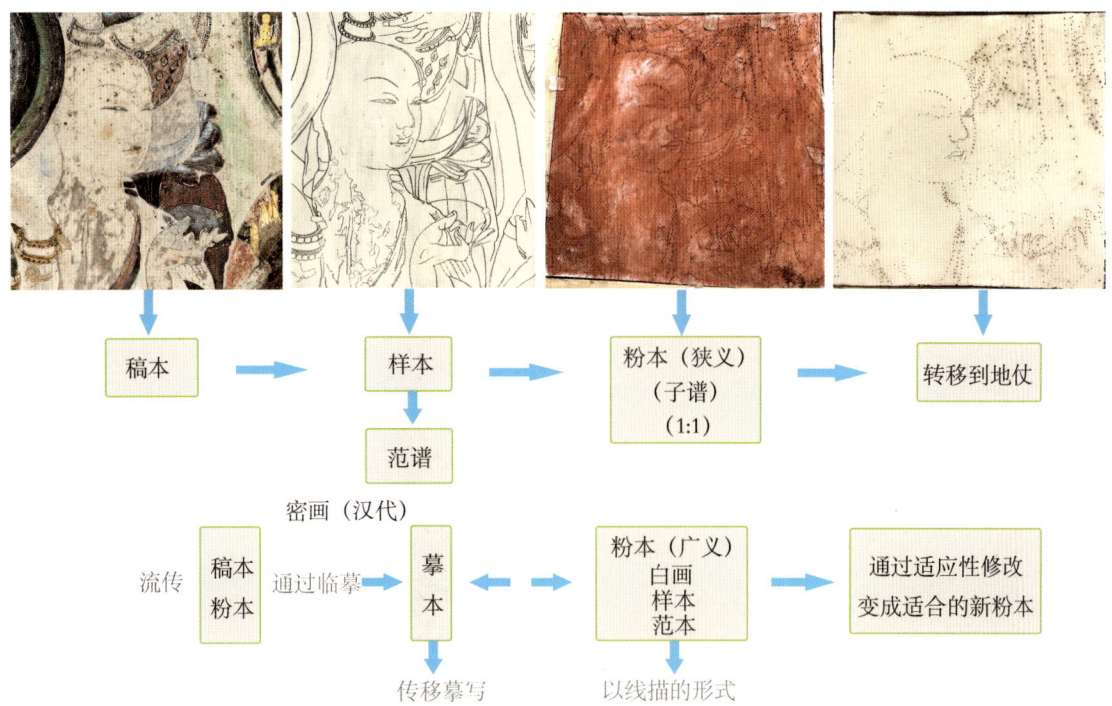

图表1-1-1 课堂示范图例 用刺孔的方式临摹作品分解图

（图表1-1-1）。根据罗振玉的著作以及结合西方技法书中的介绍，我们在临摹课上进行实际操作，以体会古人使用粉本绘制壁画时的感受。

从壁画绘制的角度，对于中国寺观壁画而言，粉本的狭义概念是指：以"粉"入"本"或下"粉"之"本"的载体。这里的"粉"是指：根据不同的物质条件或根据"本"的特点，以方便实现传递图像为目的而选择的一种适合的材料。在不同条件下，狭义的"粉本"会出现不同的物质形态。换句话说，图像转移依靠的是物体、工具实现的传递，这便是狭义概念下的粉本的物质形态。随着敦煌藏经的发现，以及山西寺观壁画一些文物资料的发掘，让我们有了更多资料对粉本的使用进行研究。

●刺孔谱子类

罗振玉在《鸣沙山石室秘录》中说："叶德辉曰：'近敦煌县千佛洞石室有画像范纸，以厚纸为之。上有佛像，不作钩廓，而用细针密刺孔穴代之。作画时，以此纸加于画上，而涂以粉，则粉透过针孔，下层便有细点。更就粉点部位，纵笔作线，则成佛像。'"这段话不仅详细说明了粉本的制作过程，而且精练地描述了粉本的使用方法。这里所说的"画像范纸"就是指粉本，而且是最准确的形容狭义粉本的物质形态（图1-1-13）。

019

图1-1-13 《说法图》粉本刺孔 Stien painting72 大英博物馆藏

"刺孔"是制作1:1粉本的一道工序,在西方绘制坦培拉或小幅油画为实现图像转移而制作"carton"时的用词是"扎眼"。孔和眼的区别只是相对视觉上的大小之分,实则一个概念。"刺孔"和"扎眼"都是动词,代表一个操作的步骤。而"谱子"这个词,第一次接触与绘画相关联是在建筑彩画技法的书中。书中提到"谱"是名词,"子"是轻发音,北京话的"谱子"的"子"念"za",更觉得十分生动。谱子是绘画、壁画、彩画、刺绣、雕塑等造型艺术的辅助工具。民间画工将"刺孔"叫作"扎谱子",而谱子又分为范谱和子谱。范谱是指事先已经有形象在先,往往已有墨线,我们看到谱子上既有墨线又有孔眼的就是范谱。将范谱放置在至少一张的纸上,沿墨线用针状物有规律地刺透纸背下面的纸中,这个工序叫扎谱子。而通过扎谱子我们得到只有孔眼不见墨线的谱子就是子谱。这里更明确了所谓"粉本"的狭义概念指的是谱子中的子谱,而不包括范谱。"范谱"和"子谱"这两个概念让我们分清了藏经洞出土的刺孔谱子为何有的有墨线、有的只有孔眼,同时我们也了解了这个刺孔谱子在实际操作中的程序和功能。虽然只有敦煌藏经洞的佐证,但我们完全可以推断寺观壁画的绘制应该也是如法炮制。期待寺观壁画会有考古发现或更精准的实物证据证明这一绘制程序。没有寺观壁画的实例[1],我们以敦煌为例。敦煌第98窟可以最好地说明刺孔类粉本的使用。敦煌第98窟在敦煌属于大窟,整个第98窟的四坡特别是北坡全都是粉本刺孔留下来的千佛(图1-1-14)。藏经洞的刺孔粉本中出现范谱、子谱的实例,以及第98窟绘制千佛留下的粉痕,互相对应,让我们仿佛能重现古代画工绘制的场景。

[1]沙武田:《敦煌画稿研究》,中央编译出版社,2007年5月版,第216页。

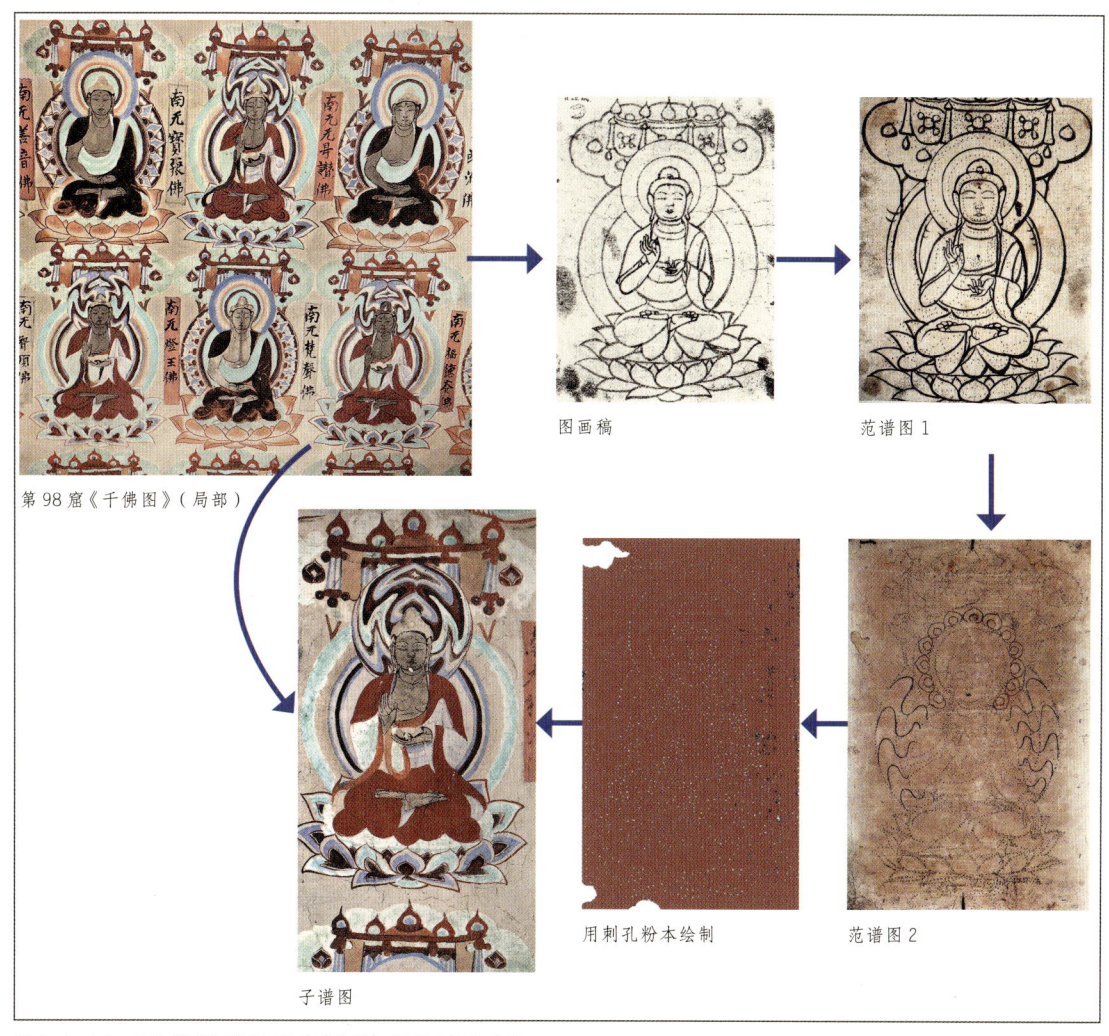

图1-1-14 敦煌莫高窟第98窟《千佛图》用刺孔粉本绘制

●拓粉类

方薰在《山静居画论》里描述："古人于墨稿上，加描粉笔，用时扑入缣素，依粉痕落墨，故名之也。"[1]在墨稿的上面弄上些白粉，上面是绢，一铺上面一拓，图案实现转移。

晋南传统佛寺建筑殿堂空间高敞，壁画绘制时，必须依墙体搭建脚手架，上架后方能绘制。脚手架上的空间环境较为局促，在离墙近处无法控制画面整体的造型准确度。此外，这些墙面并不是像肉眼所看到的那样平整，用炭条打稿后，会污损画面。所以，"九宫格收放法"虽也可以上墙，但会受以上因素的影响。《绘事指蒙》中有"壁上鬼过关法（或过在厚纸上）"条：

"先用皮纸一大张，比墙壁样子大，草纸烧灰揩擦在皮纸上了，却用浆糊占灰纸四角，面朝向壁粘定了。灰纸上再粘样子在上，用

[1]（清）方薰：《山静居画论》卷上，载于安澜《画论丛刊》下卷，第437页。

骨簪或银簪依描法画在壁上。画遍了，取去样子并灰纸，依他描成为妙。或用紫粉揩纸，或用低土黄揩纸。"将粉本形象复制到墙面上，这一过程在旧时画工行里称为"鬼过关"，通称"过谱子"。方法有两种：第一种，在浅色墙面上，用草纸灰（实际操作中也有红土颜料加水）均匀涂刷粉本背面，待干后将稿子移上墙，再用骨簪描画；第二种，在深色或做过底色的墙面上，使用针在粉本上依循墨线扎出有规律的小孔，完成后再上墙放稿，而后将棉布包裹白垩粉拍打之前所扎的小孔，最后揭下稿子，墙上便留下了点状连续的图像。

另有"纻丝彩帛上扎补法"条：

"先用壮纸描就花样，用大布针依描路密密的搠针孔。完毕，却将样子铺在裁帛上，按定。却用绵包蘸白粉擦铺毕，去了样子，看看白粉描路，以白粉笔描。"

●刻纸镂空类

刻纸镂空类，在敦煌藏经洞我们看到了它的样子（图1-1-15），这是一种比较硬的纸。我们在敦煌第107窟里面看到了使用这种粉本的痕迹。寺观壁画与石窟壁画向来联系紧密，粉本交流，经验互递。寺观壁画虽未见实物佐证，但聪明的古代画工应该也会在特殊的画面使用类似的镂空类粉本，在适宜的条件下实现图像的转移。试想：像古时能够使用的一切材质随着物质发明的进步，动物的皮类、布类等一切能够绘制图案的载体并实现图像转移的物体都可以是狭义的粉本概念的物质形态。

这些狭义"粉本"的物质形态具有直接上墙操作、1:1等大、工具性特征这三个基本特点（可分析得出晋南寺观壁画群粉本的大量使用是因为同时期壁画的铺面大小相近、题材相似）。也可分析

图 1-1-15　敦煌藏经洞镂空引路菩萨像　　　　图 1-1-16　敦煌藏经洞镂空粉本

遗存的狭义的"粉本"应是谱子中的范谱，或计划上墙扑粉的子谱。现在能够保存下来的狭义粉本的物质形态极少，因为工程完毕的子谱已扑满粉痕，也会有自然消耗失去实用价值，或民间画工按照绘制习俗焚烧，因此我们很难看得见。

还有一类特殊的类型，他们与传统的粉本扎眼扑粉的方式实现传移不同，它们的制作较复杂和精致，会将需要上墙的图像的外形用不同雕刻的方法进行加工，制作成等大的型纸（图 1-1-16），在壁画的绘制中也可以上墙扑粉实现图像的转移，这种方式少见但很新颖，让人耳目一新。

在蔚县故城寺看到了释迦殿的壁画。蔚县故城寺释迦殿内北壁东次间壁画，原画壁高 2.6 米、宽 2.5 米（图 1-1-17）。根据现残存的壁画内容以及水陆画固有的规制，可推测本铺壁画连同与其相对的北壁西次间的一铺壁画（现已漫漶不清）描绘了具有典型佛教密宗色彩的"十大明王"。按佛教密宗所言，明王，是佛、菩萨的"忿化身"，以其金刚之力能破除愚昧之幽暗，故名为明王，他们实际是佛、菩萨以诸相度化世人的慈悲体现。本铺壁画使用双层勾线画法，与殿内其他壁画作法不同。其法先于白垩土地仗层上勾墨线，再于地仗之上铺裱一层皮宣纸，勾线并设色。两层壁画形象大体一

图1-1-17 蔚县故城寺释迦殿北壁《虎衣明王》局部

致，局部位置在二次创作时进行了细微调整。我们对使用如此作法的原因尚不明确，原因之一可能是画师应出资善信的要求而进行的局部修改。在纸层上第二次勾线后再敷重彩，沥粉贴金进行传统壁画工艺绘制的程序。

  贴纸工艺在榆林三窟也有类似情况。榆林第29窟西夏壁画中南壁东侧的供养人及僮仆中，有一位童子供养像就是在纸本上绘制完成，然后贴在墙面上的（图1-1-18）。北方贴纸，南方贴布。蔚县的贴纸工艺在北方寺观壁画中是常见的，也是最为独特的。南方贴布，因为南方潮湿，纸的拉力不够，布的纤维强度要大于纸的强度。同时，南方过度潮湿的空气，不适合壁画的保存。而北方因为天气干燥，贴纸之后，纸与墙体连为一体，相互作用；纸虽然纤维没有布的拉力强，但仍然为地仗形成了很好的一层保护层。贴纸工艺除了对壁画表层的保护功能之外，更为重要的是：它可以更改刚开始在地仗上所画的壁画的勾线、造型、构图以及其他需要修改的地方。这种修改，第一个原因可能是第一遍的造型不够满意，但是在原墙上进行修改难度比较大，工期、工序都不允许重复。在材料上进行第二遍绘制，可以直接粘在墙上，甚至画成半成品，然后对地仗进行装裱，可以节省制作时间。另外，也可以提高壁画内容需要修改部分的准确性。最为重要的就是：在纸上着色，它的色彩还原度、色彩的控制度、色彩整体的把握度都比较高。在工期短、工程任务紧的情况下，这种方法多为北方的画像班子所采用，形成了在北方地区广为流传的绘制方法。但是，随着壁画的式微，这种工艺到了民国已经鲜有使用。今天，我们重新审视中国传统壁画，尤其以蔚县地区为代表的明清壁画，这一类的工艺对我们进行当代

图 1-1-18 榆林窟第 29 窟南壁东侧《童子供养像》西夏

的研究，对中国传统壁画的归纳、整理、发现，带来了新的视角和不同的价值，与进行文字、色彩及其他方面的研究是同等的。中国传统壁画，无论从造型构图、设色到绘制工艺的博大精深，贴纸工艺在以往的传统壁画技法里，很少有人专门对这一课题进行研究。这种独特的、直接实现图像转移的方式与以往的粉本不同，它是将地仗层的底稿当作粉本，又实现了在纸上的图像传递，但同时又与原粉本相互依存。

第二节
广义的"粉本"概念

从有史料记载以来，汉灵帝的秘阁中的秘画，顾恺之的摹拓妙法，谢赫的"六法"中的"传移模写"，御府之官拓，内库、翰林、集贤的拓本，翰林图画院待诏、画士等两宋应物象形的能力，对粉本的依赖程度有限。而宋元时期转入民间的画工几乎完全仰仗粉本，粉本又承载了教育与传播的功能。为了能拥有精湛的绘画能力，他们遍寻天下流传的画稿、粉本，收藏的粉本再由技艺高超的画师们讲解、图释，提炼其精华。经年累月，江湖画行的画师、工匠们随手记录的小样、草样、稿本、样本、纸本、绢本、白描、白画，谨严细致、精工巧妙地描绘，简约率真、放笔恣意地挥洒。所以，整理成册的画谱风行，雕版印刷发达以后，粉本的样式及普及、传播程度进一步发展。

壁画绘制隐入民间之后，图像的模移、转印，大幅丈余、小帧盈寸的勾画皆可称之为广义的"粉本"。广义的粉本涵盖的大量流失于海外的绢本工笔重彩，以日本存量为巨。浙江大学出版社出版的《宋代绘画全集》中，24本画册中有2册出自日本，数量之大、品相之精令人扼腕痛惜。纽约大都会艺术博物馆、大英图书馆和大英博物馆、法国吉美博物馆、加拿大皇家安大略博物馆等都有海量收藏。还有收藏于寺院及博物馆的纸本、绢本以及水陆画，这些对于图像的传承犹如接力棒作用的各种形态的载体，随着一代代的加工，有的推陈出新，有的坚守余韵。我们除了追踪前人粉本的踪迹，在当下的学习创作中，前人留下的壁画仍然是我们学习和解读粉本最直接最有效的途径和手段。广义粉本的分类，学术界有很多叫法和称呼。以下我从绘制材料、绘制方法以及通常所说的以画稿命名的广义粉本的概念来划分，将比较有代表性的图例分析如下图整理，

广义粉本整理图录

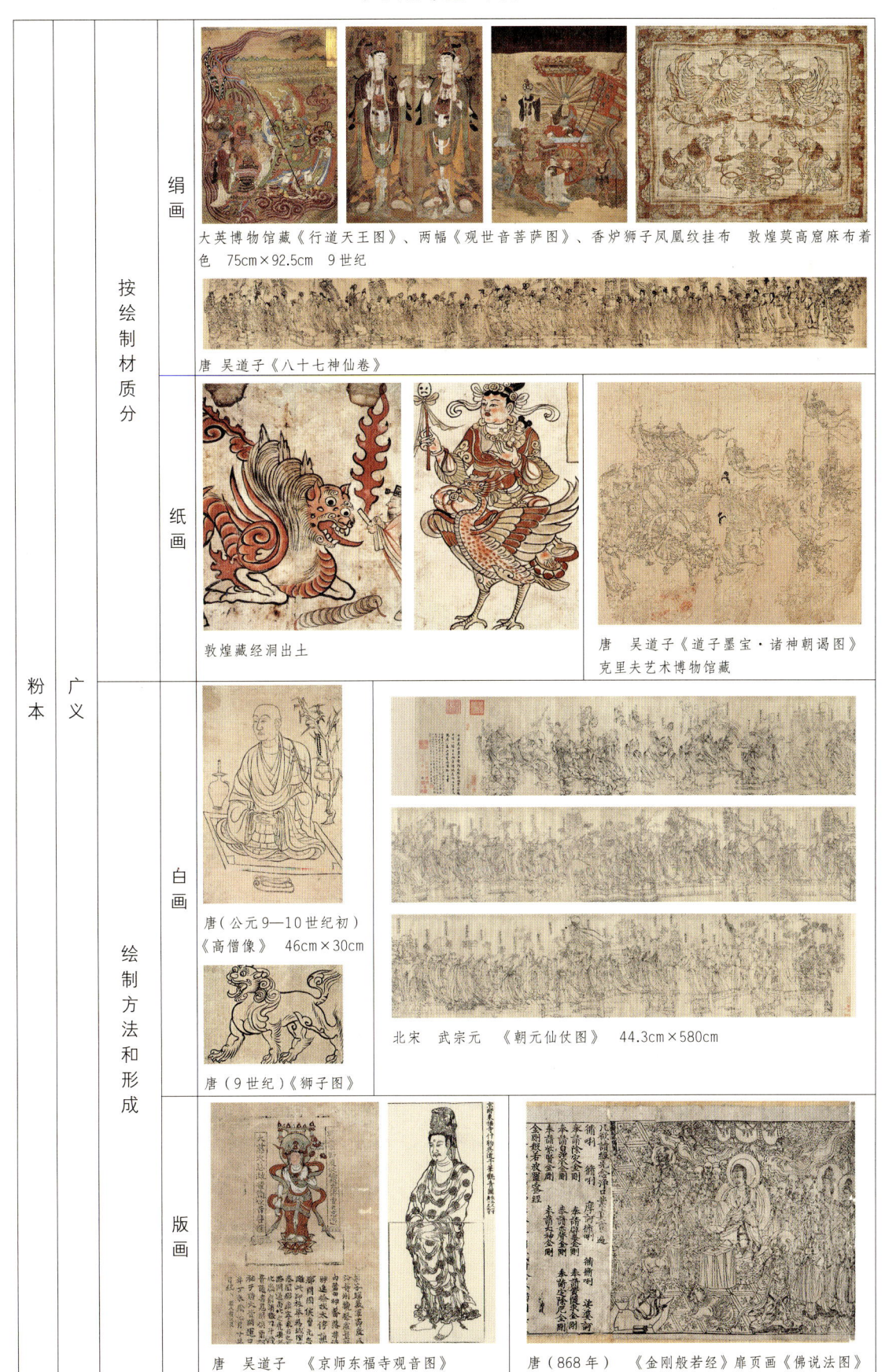

粉本	广义	按绘制材质分	**绢画**：大英博物馆藏《行道天王图》、两幅《观世音菩萨图》、香炉狮子凤凰纹挂布 敦煌莫高窟麻布着色 75cm×92.5cm 9世纪 唐 吴道子《八十七神仙卷》
			纸画：敦煌藏经洞出土 唐 吴道子《道子墨宝·诸神朝谒图》克里夫艺术博物馆藏
		绘制方法和形成	**白画**：唐（公元9—10世纪初）《高僧像》 46cm×30cm 唐（9世纪）《狮子图》 北宋 武宗元《朝元仙仗图》 44.3cm×580cm
			版画：唐 吴道子《京师东福寺观音图》 唐（868年）《金刚般若经》扉页画《佛说法图》

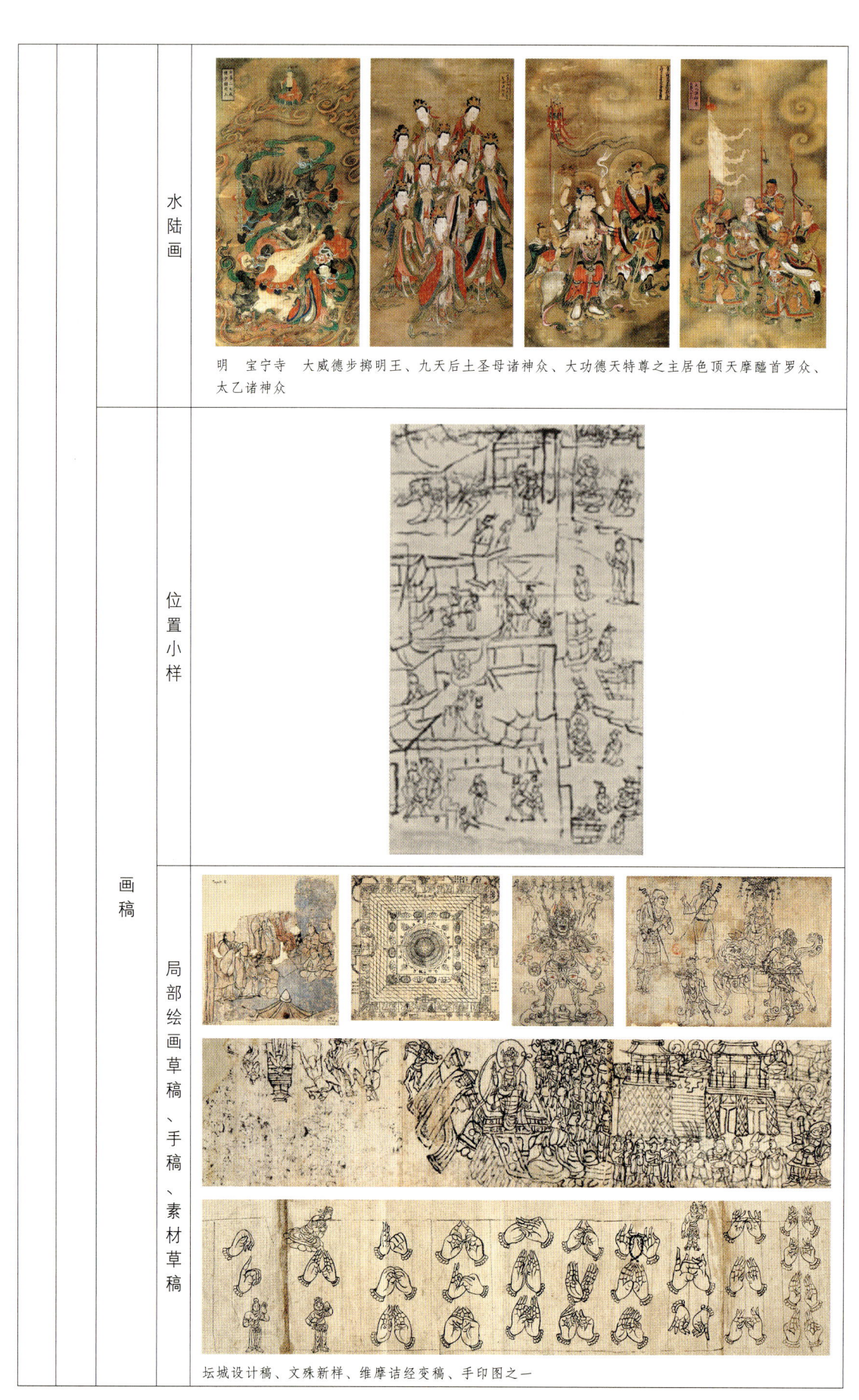

	水陆画	明　宝宁寺　大威德步掷明王、九天后土圣母诸神众、大功德天特尊之主居色顶天摩醯首罗众、太乙诸神众
画稿	位置小样	
	局部绘画草稿、手稿、素材草稿	坛城设计稿、文殊新样、维摩诘经变稿、手印图之一

032

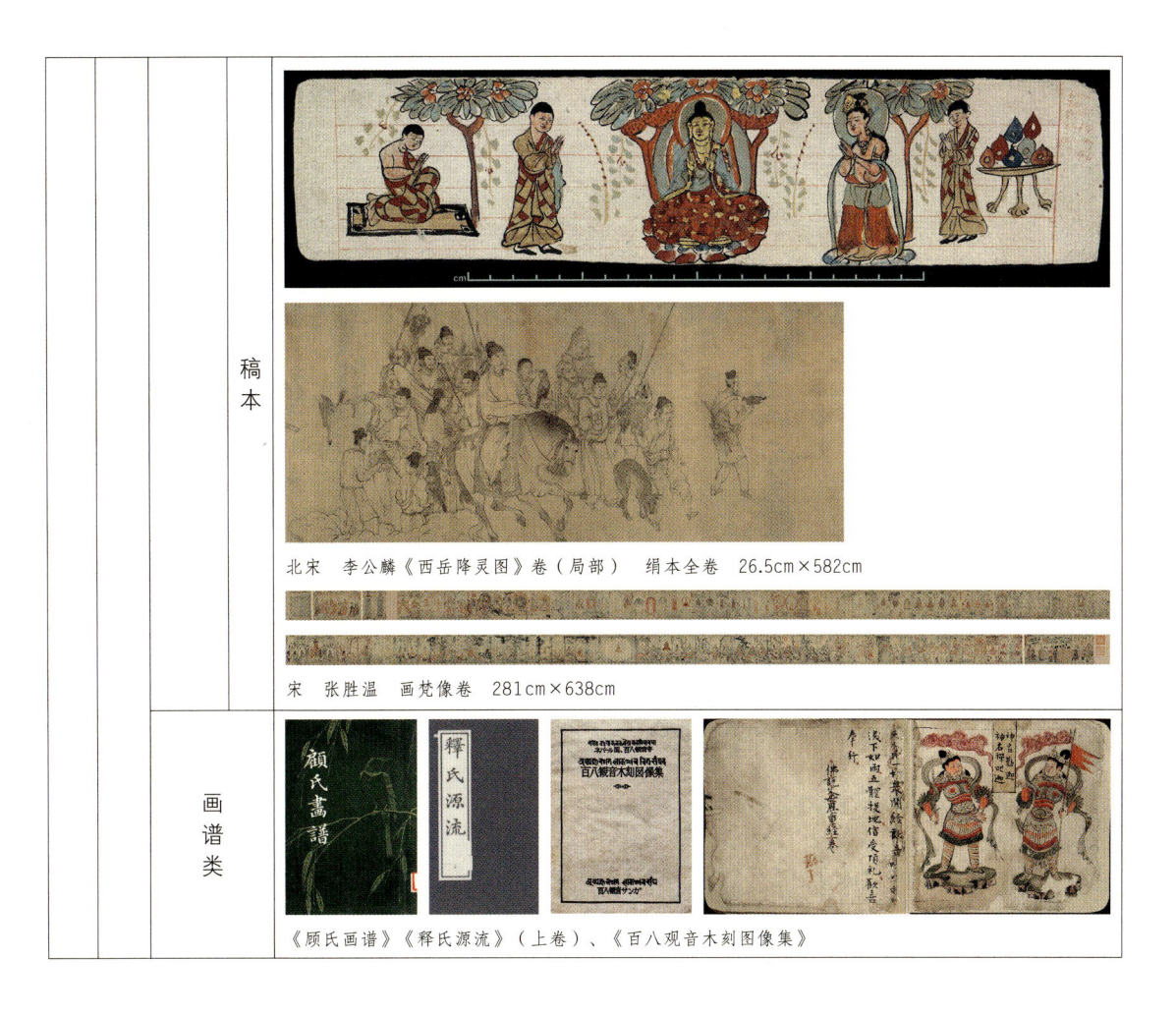

	稿本	北宋 李公麟《西岳降灵图》卷（局部） 绢本全卷 26.5cm×582cm 宋 张胜温 画梵像卷 281cm×638cm
	画谱类	《顾氏画谱》《释氏源流》（上卷）、《百八观音木刻图像集》

可以直观地看到广义概念下的粉本的丰富多彩，也为整理粉本的发展和师承关系厘清思路。

另一类相对于寺观壁画而言值得关注的是水陆画。

山西右玉宝宁寺的水陆画研究，对粉本的研究具有重要意义，从中可以考证出宗教绘画样式及造型特点、不同地域的互相影响与传播，并从中发现风格样式的不同。就当下所能看到的水陆画遗存，自金、元、明、清直至民国时期，有多种样式和风格的水陆画粉本传世。南北东西都有不同程度的差异，画行师承不同，所以水平也参差不齐。

水陆画自汉代始，盛传于金代，元、明、清承袭，对佛陀、神祇、菩萨、天王、金刚等众多人物的绘制，传承着唐宋几代的风格样式。水陆仪轨是水陆画人物的排列依据，各画行拥有不同粉本，根据金主要求进行绘制。

宝宁寺水陆画有139幅，是"土木堡之变"后，明英宗朱祁镇敕赐给宝宁寺的镇寺之宝，意为可以镇守一方，保边关安稳。除

1948年辗转途中遗失4幅外，目前国内保存最完整的是由江南籍宫廷画师绘制的全套绘画。据《益州名画录》著录，成都宝历寺唐代张南本所绘水陆画有120余幅，河北的毗卢寺水陆壁画人物为122组，从中可以看出这些水陆画都受到不同程度的粉本及水陆仪规的影响。据《毗卢寺田产记》出土的碑文记载，明嘉靖四年（1525），寺内原保存有"画像二堂共三十六轴，地藏十王三曹六案两堂"，可惜未能传至当代，记载的水陆画轴极有可能是绘制毗卢寺壁画的粉本。而宝宁寺水陆画除遗失4幅外，应是由寺院所藏粉本中最为完整的，是我们研究粉本的重要资料。

　　山西朔州右玉县的宝宁寺靠近杀虎口，是中国历史上的北方要塞，北方游牧文明和中原农耕文明的融汇地，为草原游牧民族南下进入中原商贾与战争的要道。现存于山西省博物院的这堂水陆画题材多样，按水陆仪轨，其中包含佛、菩萨、明王、罗汉、护法神祇、天仙、往古人伦及孤魂等众。整堂水陆画每幅都有题记，唯佛、菩萨及一幅"面燃鬼王"除外。每幅作品绘制在细绢之上，装裱古朴，黄色花绫红加矩。每幅画作高120厘米、宽60厘米，有9幅诸佛、10幅菩萨、10幅明王、8幅绘有十六罗汉，共计上堂75幅，下堂61幅，品相完整，是水陆画中的精品。

　　综观整堂水陆画，无论是用笔、敷色、制式与规模，都充分体现了重彩绢画的特点及宫廷画师超人的绘制技艺，为水陆画现存于世的极品。尤其是所绘佛、菩萨、明王与各路天人，无不宝相庄严，观之肃然。宝宁寺水陆画有百幅之多，应为浩大工程，与壁画绘制程序相同，非一人所为，应是由团队各显所长、多人分工、通力协作完成的。

对宝宁寺水陆画进行分析，佛陀、菩萨及各路神仙凡人，在趣味与格调的追求上都不同，对佛陀、菩萨用笔工整，稳中求变，线条细劲绵长，敷色沉着浓郁，气度高古。而明王与护法，则用笔劲挺，铁画银钩，飘洒多变。所绘六道众生，则行笔跌宕起伏，顿挫自如，闪断方折。从画法及画风可以看出为明代院体绘画，应属浙派画师绘制。而水陆画中的山石树木、房舍庭院也有出处，以蟹爪画松，斧劈为石，寒林雪境，唯有合作之功才能样样俱全、笔笔有出处，尽显通力合作之功。有宫廷画师作品为范本，右玉宝宁寺水陆画在山西、陕西、内蒙古影响巨大，成为明清直至民国的行业绘制标尺。

现存山西浑源永安寺水陆壁画，与明代版画《水陆法会神鬼图像》相似度极高，对《毗卢寺壁画艺术世界》《水陆法会神鬼图像》，尤其是宝宁寺明代水陆画与永安寺壁画所题的榜题文字进行分类比较，可以找出四者之间在壁画榜题书写方式上的相近、相同与差异。永安寺水陆壁画在榜题内容与书写方式上与《水陆法会神鬼图像》高度一致，由此可见，两者所用可能是同一图像粉本。从时间上判断，也有可能是永安寺壁画晚于《水陆法会神鬼图像》的粉本依据。现存北方地区的寺观壁画及水陆画之间，相似性是统一的特点，而后是各地文化的差异显露出不同的文化诉求。相似性源头则是相同或相近的粉本，而共同的图像源流则归结于共同的依据——粉本。

在壁画考察中我发现，除了寺观壁画，在墓室壁画里，同一内容不同墙面使用同一粉本，在后续绘制中繁简程度的处理也不同。例如，墓室壁画中新密打虎亭壁画墓主人墓室与家眷墓室使用同一粉本，但明显身份显赫的墓主人绘制得精细许多；再比如，敦煌壁画第474窟北壁与西壁使用同一粉本，但繁简与颜色略有不同。

第三节
粉本的延伸

中国传统壁画包括所有墓室壁画。石窟壁画都会受到绘画地点和绘画条件的限制，渐渐地从事壁画绘制的人会因条件的限制而停止追求壁上创作。吴道子首先是伟大的壁画家被后人所崇拜。造纸的发明使得文人士大夫将绘画的兴致转移到纸和绢这类便于携带的绘制载体上，文人士大夫的审美情趣也和民间终生从事艺术劳动的民间画工渐渐有了区别。历史上，不乏很多文人士大夫用贬低的称呼对待民间画工，特别是宋元以后，文人士大夫便很少踏入寺观面壁而绘，文人士大夫涉足壁画绘制成为历史。所以，宋元以后千百年的壁画也包括雕塑和彩画，这些优秀的粉本的使用和传承几乎全部依靠民间画工的不懈努力和世代坚持。民间画工异军突起成为传统重彩壁画绘制的中坚力量（图表 1-3-1）。

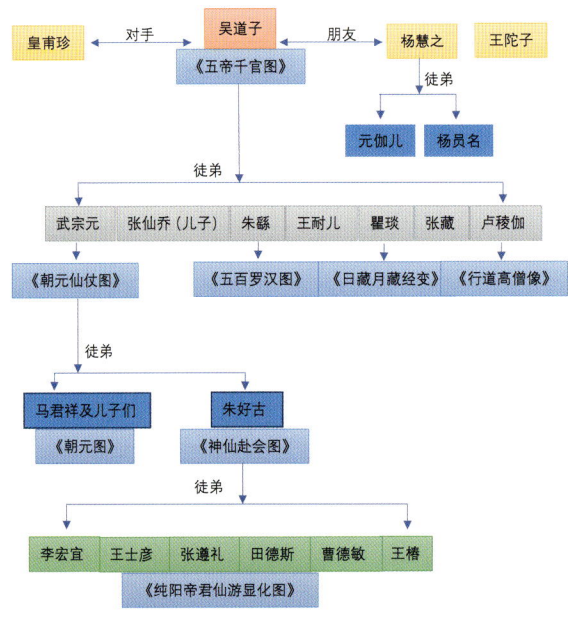

图表 1-3-1　中国古代壁画师承关系

图表 1-3-2　中国古代寺观壁画绘制情况一览

	隋唐	南北朝	五代两宋	元	明清
绘制壁画的人	士大夫、画工	士大夫、画工	士大夫、画工	画塑匠、民间享有"待诏"头衔的画工	民间画工
宗教	佛道并行	佛道并行	战乱、四次灭佛	道教、诸教兼容并包	受文人画影响，与文学戏曲相结合，鸦片战争后受日本和西洋画风影响
寺观情况	全国寺观44000多处	南朝梁时金陵名寺700处，北朝洛阳千余寺	全国寺观，大圣恩寺一个寺院有名贵壁画8524间	正定、曲阳一带，山西广胜寺、水神庙、兴化寺、青龙寺、永乐寺	全国各地著名庙宇有大同华严寺、正定龙兴寺、朔县崇福寺、浑源永安寺、定襄关帝庙、平遥镇国寺、正定龙兴寺、北京法海寺、鹫峰寺、摩诃庵、夕照寺、大慧寺、圣安寺、四川宝梵寺、广汉龙居寺、新津观音寺等
壁画遗留	保留魏晋以来壁画47处		《历代名画记》记录了长安、洛阳等地壁画	晋南壁画群	
画工行会	"八作司"吴道子祖师"少府监"掌管百工		画工行会按性质分类：汉佛作 番佛作 灯画作 彩画作	"梵像提举司"由刘元鎏领导，"宫廷有诸色人匠总官府"	太平天国在"百工衙"下设"绣锦衙"，实行"工匠供役法"

在唐代，画工的画和文人士大夫的画在寺观神殿并置，这大大地鼓励了民间画工的创造力。同时，唐代的画工往往是绘画和雕塑同时学习和运用的，我们所说的工匠精神对他们来说是与生俱来、同时兼备的品质，表现在壁画上，就出现了艺术高度与艺术水准齐头并进的态势（图表1-3-2）。

对于传统壁画的绘制，民间画工与文人士大夫画家犹如鸟之两翼相辅相成。民间画工有其自身的特点：因经济所需而依靠美术劳动谋生，他们因劳动满足社会对于艺术的需求，因此他们较少地以自我为出发点去创作艺术作品，甚至作品不公开署名，更不会标榜风雅。民间画工为了行业竞争，他们在技术上也是不断钻研，会沿袭好的粉本，一般不会闭门造车，而是对前人优秀的粉本以及绘制经验用传承的态度以适应当时大众的审美要求。因为职业的特点，民间画工不能够按照自己的意愿和喜好进行艺术创作，但往往又在绘画中表现出诸多的情不自禁和生活场景的真实写照。表现在宗教题材中，就会出现类似于文章第二部分论述的寺观壁画中的固守与拓展、师法与师承这样的中国古代寺观壁画师承关系表（图表1-3-1），近似与不似、式样与样式这些千变万化的壁上丹青。而文人士大夫，他们喜爱艺术，彰显艺术个性，与民间画工相比较，在壁画的绘制中相对缺少画工的坚韧与无私。

中国造型艺术的借用形式在中国传统文化中比比皆是。粉本是作为原图为日后的修缮提供参照依据，有些因技艺精湛具有了独立的收藏价值，但用作绘制过程中的重要工具进行使用才是根本。这些绘制过程中的重要依据积累下来，成为画塑行培训弟子、传承技艺的稿本样子、重要的范本与教材。画塑行拥有什么样的粉本是界定画塑行专业水准的标尺，所以粉本是民间画工及画塑行的安身立命之法宝；好的粉本束之高阁秘不示人，有的画塑行家法甚严，甚至是传男不传女。

举个例子：彩画艺术家李燕肇先生和弟子江永良对嵩祝寺中路的宝座殿（明间脊步）的系袱子形式的彩画进行摹拓号色，制作白描谱子和彩画式样。每个步骤的工作精准细致、一丝不苟，漫漶不清的传统纹饰经过整理制作成范谱和子谱，为我们示范了传统工艺的起源和制作工序，展示了画工师傅的聪明才干和难能可贵的工匠精神（图 1-3-1），使嵩祝寺雍正十一年（1733）的初始彩画得以传承。

从中可以看出，拥有好的粉本画谱，对画塑行本身的生存与发展起到了至关重要的作用。以粉本闻名于世，除了可以被社会认可，还对画塑行承接工程、培养后继人才都有极大的推动作用。当然，在画塑行里并非所有的学徒都有机会接触粉本，学到师傅的绘画技艺。在竞争激烈的民间画塑行，"教会徒弟饿死师傅"的陋习使众多画塑行技艺失传，师傅都有所保留，行业水准每况愈下。这与这一行业从院体遁入民间、生存状况恶化有极大的关系。所以画稿粉本在利益和私心的多种因素影响下，存量少且水平参差，以至于

图1-3-1　北京嵩祝寺宝座殿金檀香色地儿找头吉祥草纹饰局部式样（李燕肇弟子江永良绘制）　选自《中国建筑彩画粉本》

《八十七神仙卷》《朝元仙仪图》之类的宋朝时期的寻常画稿到当下几乎荡然无存。

民间画工中不乏高手名家，诸如高平开化寺郭发与其弟子，繁峙岩山寺王魁的绘画班子，绘制山西永乐宫的洛阳画师马君祥、马七父子，尤其是名冠晋东南的朱好古及其门人，他们是民间画工中的大师巨匠，对传统壁画不仅有继承，还有各自创造性的作品影响世人和后学。民间画工因文化缺失，往往接受的是简单教育，这影响了个人的创造，对粉本大多流于简单模仿，对绘画深层的内涵不知所云，师傅如此，徒弟亦如此，成为陈陈相因、不思创造的工匠习气。

粉本在中国传统壁画的发展过程中，总结艺术规律，创造新的范式，与古代绘画神通而远接千古。粉本是历代造像精粹的凝结，是中国传统壁画历代传承的重要纽带，是探古寻幽解读中国传统壁画的密码，是传世经典壁画绘制的路径。这是我给粉本的结语。但客观地分析，放下我所有的溢美之词，粉本给中国壁画带来的弊端也是显而易见的，因为有了标准、有了样式、有了画谱小样、有了粉本的转印，陈陈相因、不思进取、僵化保守、故步自封都可以是粉本的另一类评价。两宋以前院体绘画从业者，学养深厚，功力扎实，充满创造力，所以大家辈出、高手如云，于是顾、陆、张、吴创造了奇迹。两宋后转入民间的院体绘画日渐式微，原创力锐减，中间虽有元代朱好古异军突起，创造了民间画工的辉煌，但难挽整体下滑之势。大多画工为温饱生计所迫而混迹于此间，不思进取，依赖粉本移花接木、挪神换佛成为行活。

  这种每况愈下的改写重绘在元明之后多不胜举，以山西大同华严寺大雄宝殿为例，原壁画绘制于明代，水平中等偏上，题材为善财童子五十三参。清代由大同本地画塑行重绘，领衔画师董安依旧稿勾填，色彩艳俗，原作精神去之七八，仅余大殿经橱后4平方米明代原作可依稀能见。清代壁画的时代滑坡因壁画功能不在、审美情趣巨变诸多原因所致，但画工过分地依仗粉本之弊端也是显而易见的。

小结

根据唐代张彦远《历代名画记》记载,粉本在汉代应该被称为"秘画",为宫廷藏于秘阁,在宣传国家主张、倡导国家意志方面起到了重要作用。粉本被帝王及他的助手所重视。从魏晋南北朝至隋唐,粉本的应用更为广泛。在对秘画纸本、稿本、样本进行使用的过程中,始终都有调整、有改进,也有发展。唐之后,由于造纸术的发展,版本的应用更为广泛。如从早期的在羊皮上扎眼、扎孔,到用较厚的纸板进行粉本的制作,以及半局部或单独先拆开,再做整幅画面的整合。到了两宋,传统壁画的绘制完全规范之后,粉本的应用、制作、传播,都随着雕版技术,也就是今天所说的印刷术的发展而有了更大的发展。印刷,让粉本的制作更为便捷,从过去单一的手绘古本变成了若干份同一版本的印刷,对粉本的传播、推广、应用都有了极大的促进。金元明清之后,摹古之风大兴,粉本除有小的改进和调整之外,大多数都依据宋元之风进行。虽然没有根本的改变,但是仍然传承有序,许多优秀的粉本样式得以保存。

翻阅历史文献和理论著作，有关粉本的论述整理如下表

古代文献粉本记述摘记				
朝代	史册	作者	内容摘要	印刷刊物
南北朝	《古画品录》	谢赫	绘画六法："画有六法，一曰气韵生动、二曰骨法用笔、三曰应物象形、四曰随类赋彩、五曰经营位置、六曰传移模写是也。"	1938年版，商务印书馆夏文彦《图绘宝鉴》卷一
唐代	《唐朝名画录》	朱景玄	又明皇天宝中忽思蜀道嘉陵江水，遂假吴生驿驷，令往写貌。及回日，帝问其状，奏曰："臣无粉本，并记在心。"后宣令于大同殿图之，嘉陵江三百余里山水，一日而毕。时有李思训将军，山水擅名，帝亦宣于大同殿图，累月方毕。明皇曰："李思训数月之功，吴道子一日之迹，皆极其妙也。"	
			（周昉）又画《浑侍中宴会图》《刘宣按舞图》《独孤妃按曲图》粉本。	
	《商山道中》	韩偓	却忆往年看粉本，始知名画有工夫。	
	《历代名画记》	张彦远	一、叙画之兴废："天后朝张易之奏召天下画工修内库图画，因使工人各推所长，锐意模写。仍旧装背，一毫不差。"	人民美术出版社1983年6月第二次印刷版本
			二、西京寺观等画壁 / 慈恩寺："大殿东廊从北第一院，郑虔、毕宏、王维等白画。"	
				龙兴观："北面从西第二门，董谔白画。"	
				菩提寺："佛殿内东西壁，吴画神鬼，西壁工人布色，损。佛殿壁带间亦有杨廷光白画。"	
			三、东都寺观等画壁 / 敬爱寺："佛殿内菩提树下弥勒菩萨塑像，麟德二年自内出，王玄策取到西域所图菩萨像为样。"	
				讲堂内大宝帐（开元三年史小净起样……生铜作并蜡样是李正、王兼亮、郑兼子）。……又大金铜香炉（毛婆罗样……张阿乾蜡样）。	
			四、《历代名画记》卷五	又恺之《魏晋胜流画赞》曰："凡将摹者，皆当先寻此要，而后次以即事。凡吾所造诸画，素幅皆广二尺三寸，其素丝，邪者不可用，久而还正，则仪容失。以素摹素，当正掩二素，任其自正，而下镇使莫动其正，笔在前运，而眼向前视者，则新画近我矣。可常使眼临笔止，隔纸素一重，则所摹之本远我耳。"	
			五、《历代名画记》卷二	论画体工用拓写。	
				好事家宜置宣纸百幅，用法蜡之，以备摹写。古时好拓画，十得七八，不失神采笔踪。亦有御府拓本，谓之官拓。国朝内库、翰林、集贤、秘阁，拓写不辍，承平之时，此道甚行，艰难之后，斯事渐废。故有非常好本，拓得之者，所宜宝之，既可希其真踪，又得留为证验。	
				"叙师资传授南北朝时期"："靳智翼师于曹（曹创佛事画，佛有曹家样、张家样及吴家样）。"	
			忽一夕，有人朱衣元冠扣（韩）干门者，称："我鬼使也，闻君善图良马，欲赐一匹。"干立画焚之。他日有送合缣未致谢，而卒莫知其所从来，是其所谓鬼使者也。建中初，有人牵一马访医者，毛色骨相，医所未尝见。忽值干，干惊曰："真是吾家所画马！"遂摩挲之，怪其笔意，冥会如此。俄顷若蹶，因损前足。干异之，于是归以视所画马本，则脚有一点墨缺，乃悟其画亦神矣。	
	《寺塔记》	段成式	《寺塔记》卷上	长安坊安国寺："东禅院，亦曰木塔院，院门北西廊五壁，吴道玄弟子释思道画释梵八部，不施彩色。尚有典刑。"	人民美术出版社1964年第二次印刷版本

古代文献粉本记述摘记					
朝代	史册	作者	内容摘要		印刷刊物
			长乐坊赵景公寺："隋开皇三年置，本曰弘善寺，十八年改焉。南中三门里东壁上，吴道玄白画地狱变，笔力劲怒，变状阴怪，睹之不觉毛戢（音ci），吴画中得意处。三阶院……院门上白画树石，颇似阎立德，予携立德行天祠粉本验之，无异。"		
			平康坊菩提寺："故兴元郑公尚书……置寺，碑阴雕饰奇巧，相传郑法士所起样也。"		
	《寺塔记》卷下		翊善坊保寿寺："寺有先天菩萨帧，本起成都妙积寺……后塑先天菩萨，凡二百四十二首，首如塔势，分臂如意蔓，其榜子有一百四十，曰鸟树一，凤四翅，水肚树，所题深怪，不可详悉。画样凡十五卷。柳七师者，崔宁之甥，分三卷往上都流行……"		
宋代	北宋	《阎立本职贡图》		粉本遗墨开明窗。	
		《书黄鲁直画跋后》	苏东坡	画有六法，赋彩拂澹，其一也，工尤难之。此画本出国手，只用墨笔，盖唐人所谓粉本。而近岁画师，乃为赋彩，使此六君子者，皆涓然作何郎傅粉面，故不为鲁直所取，然其实善本也。绍圣二年正月十二日，思无邪斋书。	
		《图画见闻志》	郭若虚	卷二："赵元德，长安人，天复中入蜀。……得隋唐名手画样百余本，故所学精博。" 卷三："袁仁厚，蜀人。早师李文才，乾德中至阙下，未久，还蜀，因求得前贤画样十余本持归……" 卷六："治平乙巳岁雨患，大相国寺……四面廊壁皆重修复，后集今时名手李元济等，用内府所藏副本小样，重临仿者，然其间作用，各有新意焉。"	人民美术出版社1983年6月第二版
		《益州名画录·妙格下品十一人》	黄休复	前辈画佛像罗汉，相传曹样、吴样两本。曹起曹弗兴，吴起吴棟。曹画衣纹稠叠，吴画衣纹简略。其曹画，今昭觉寺孙位《战胜天王》是也；其吴画，今大圣慈寺卢楞伽《行道高僧》是也。（张）玄画罗汉，吴样矣，今大圣慈寺灌顶院罗汉一堂十六躯，见存。	
		《画墁集》	张舜民	卷五："每作一画，必先起草，按文挥洒。"	文物出版社1987年版
		《德隅斋画品》	李廌	番客入朝图："梁元帝为荆州刺史日□所画粉本，鲁国而上三十有五国，皆写其使者，欲见胡越一家，要荒种落共来王之职。其状貌各不同，然皆野怪寝陋，无华人气韵。如丁简公家凌烟功臣、孔子七十门人小像，亦唐朝粉本，形性态度，人人殊品，画家盖以此为能事也。此图题字殊妙，高昌等国皆注云：贞观某年所灭。又落笔气韵，阎立本所作《职贡图》亦相若，得非立本摹元帝旧本乎？或以谓梁元帝所作，传至贞观，后人因事记于题下，亦未可知。"	载于《隋唐画家史料》
		《宋朝名画评》	刘道醇	高文进，蜀中人，太宗时入图画院为祗候……相国寺高益画壁，经时圮，上惜其精笔，将营治之。诏文进曰："丹青谁如益者？"对曰："臣虽不及，请以蜡纸模其笔法，复移于壁，毫发较益无差矣。"遂以李用及李象坤翻传旧本于壁，尽得益之骨气。	
	南宋	《画继》	邓椿	晁补之，字无咎……作粉本以授画史孟仲宁，令传模之。菩萨仿侯翼，云气仿吴道玄，天王松石仿关仝，堂殿草树仿周昉、郭忠恕，卧槎垂藤仿李成，崖壁瘦木仿许道宁，湍流山岭、骑从鞍服仿卫贤。马以韩干，虎以包鼎，猿、猴、鹿以易元吉，鹤、白鹇、若鸟、鼠以崔白，集彼众长，共成胜事。今人家往往摹临其本，传于世者多矣。	人民美术出版社1963年8月版

古代文献粉本记述摘记					
朝代		史册	作者	内容摘要	印刷刊物
南宋		《志雅堂杂钞》卷下《图画碑帖续钞》	周密	辛卯六月十三日，郭北山祐之细观书画于锓子井提控家，画之佳者，有吴道子《药师佛》，绝佳。其次粉本《坐神》《三天王像》，有刘大年收藏题字，仲元收附……郭祐之，出三天王图，一吴道子，纸粉本，仅盈尺，而作十一人，凡数千百笔，繁而不乱。上有题字云：曹仲元，吴生եс本。	载于《隋唐画家史料》
元代		《画鉴》	汤垕	唐画："李昇画山水，尝见之。至京师，见《西岳降灵图》，人物百余，体势生动，有未填面目者，是稿本也。上有绍兴题印，若无之，是唐人稿本也。"	人民美术出版社1963年1月第三次印刷版本
^		^	^	宋画："武宗元宋之吴生也。画人物，行笔如流水，神采活动。尝见《朝元仙仗图》，作五方帝君，部从服御，眉目顾盼，一一如生，前辈甚称赏之。"	^
^		^	^	在京师见《明皇试马图》《三马图》《调马图》《五陵游侠图》，《照夜白》粉本，上韩干自书"内供奉韩干照夜白粉本"10字。	^
^		^	^	画论："古人画稿，谓之粉本，前辈多宝蓄之。盖草草不经意处，有自然之妙。宣和所藏粉本，多有神妙者，宋人已自宝重。"	^
^ || 《写像秘诀》	王绎	"九宫格法"	作书九宫本九九八十一格，收小即所以放大，将全面框格画于大九宫格内，上顶发际，下齐地角，即用小九宫一个收小，便丝毫不爽，格须斩方。九宫格收放法，只以能画后用之，若初学当熟习起手诀，目力方准。	
^		《图绘宝鉴》	夏文彦	卷一："粉本：古人画稿谓之粉本。前辈多宝蓄之。盖其草草不经意处，有自然之妙。宣和、绍兴所藏粉本多有神妙者。"	商务印书馆1936年11月第三版
^		^	^	卷二："滕王元婴，唐宗室也。善丹青，喜作蜂蝶。朱景玄尝见其粉本，谓：'能巧之外，曲尽情理。'"	^
明代		《绘事微言》	唐志契	画要看真山真水：……盖山水所难，在咫尺之间，有千里万里之势。不善者，从模画旧人粉本，其意原自远，到手落笔，反近矣。	人民美术出版社1984年5月版
^		^	^	访旧：画家传移模写，自谢赫始。此法遂为画家捷径，盖临摹最易，神气难传。师其意而不师其迹，乃真临摹也。如巨然学北苑、元章学北苑、大痴学北苑、倪迂学北苑，一北苑耳，各各学之，而各各不相似；使俗人为之，定要笔笔与原本相同，若之何能名世也。	^
^		^	^	院画无款：宋画院众工，凡作一画，必先呈稿本，然后上其所画山水人物花木鸟兽，多无名者。今国朝内画水陆及佛像亦然，金碧辉灿，亦奇物也。	^
^		《画禅室随笔》	董其昌	画中山水位置皴法，皆各有门庭，不可相通。惟树木则不然。虽李成、董元、范宽、郭熙、赵大年、赵千里、马夏、李唐，上自荆关，下逮黄子久、吴仲圭辈，皆可通用也。或曰，须自成一家，此殊不然。如柳则赵千里，松则马和之，枯树则李成，此千古不易。虽复变之，不离本源，岂有舍古法而独创者乎？倪云林亦出自郭熙、李成，少加柔隽耳。如赵文敏则极得此意，盖萃古人之美于树木，不在石上着力，而石自秀润矣。今欲重临古人树木一册，以为奚囊。	国学整理社1925年11月初版《艺术格著丛刊》
^		《画法大成》	朱寿镛	宋画院众工，必先呈稿，然后上真，所画山水、人物、花木、鸟兽，种种臻妙。	
^ || 《绘事指蒙》	邹德中	"壁上鬼过关法（或过在厚纸）"	先用皮纸一大张，比墙壁样子大，草纸烧灰捐擦在皮纸上了，却用浆糊占灰纸四角，面朝向壁粘定了。灰纸上再粘样子在上，用骨簪或银簪依描法画在壁上。画遍了，取去样子并灰纸，依他描成为妙。或用紫粉揩纸，或用低土黄揩纸。	京华出版社2000年版

古代文献粉本记述摘记

朝代	史册	作者	内容摘要		印刷刊物
明代	《书画见习录》	王绂	古人画稿，谓之粉本。谓以粉作地，布置妥帖，而后挥洒出之，使物无遁形，笔无误落，前辈多宝蓄之。后即宗此法，摹拓前人笔迹，以成粉本。宣和绍兴间所藏粉本，多有神妙者。为临摹数十过，往往克绍古人遗意。今学者不求工于运思构局，绘水绘声之妙，往往自谓能画，而粉本之临摹者绝鲜，是所谓畏难而苟安也。		
清代	《寄姜绮季客江右》	曹寅	九日篱花犹寂寞，六朝粉本渐模糊。		
	《山静居画论》	方薰	今人每尚画稿，俗手临摹，率无笔意。往在徐丈蛰夫家，见旧人粉本一束，笔法顿挫如未了画，却奕奕有神气。昔王绎觏宣、绍间粉本，多草草不经意，别有自然之妙。便见古人存稿，未尝不存其法，非似今日只描其腔子也！		人民美术出版社1959年版
			画稿谓粉本者，古人于墨稿上加描粉笔，用时扑入缣素，依粉痕落墨，故名之也。今画手多不知此义，为女红刺绣上样，尚用此法。不知是古画法也。		
			临摹古画，先须会得古人精神命脉处。玩味思索，心有所得，落笔摹之；摹之再四，便见逐次改观之效。若徒以仿佛为之，则掩卷辄忘，虽终日模仿，与古人全无相涉。		
			模仿古人，始乃惟恐不似，既乃惟恐太似。不似则未尽其法，太似则不为我法。法我相忘，平淡天然，所谓摈落筌蹄，为穷至理。		
			古人摹画，亦如摹书。用宣纸法蜡之，以供摹写。唐时摹画，谓之拓画，一如"阁帖"。有官拓本。		
			世以水墨画为白描，古谓之白画。袁茜有白画《天女》《东晋高僧像》，展子虔有白画《王世充像》，宗少文有白画《孔门弟子像》。		
			作画必先立意，以定位置。意奇则奇，意高则高，意远则远，意深则深，意古则古，庸则庸，俗则俗矣！		
			写生无变化之妙，一以粉本钩落填色，至众手雷同，画之意趣安在。不知前人粉本，亦出自己手，故易元吉于圃中畜鸟兽，伺其饮啄动止，而随态图之。赵昌每晨起，绕阑谛玩其风枝露叶，调色画之。陶云湖闻某氏丁香盛开，载笔就花写之，并有生动之妙。所谓以造化为师者也。		
	《小山画谱》	邹一桂	卷上	昔人论画，详山水而略花卉，非轩彼而轻此也。……要之画以象形，取之造物，不假师传，自临摹家专事粉本，而生气索然矣。	商务印书馆1938年版
			卷下	定稿：古人画稿谓之粉本，前辈多宝蓄之，盖其草草不经意处有自然之妙也。宣和、绍兴所藏粉本，多有神妙者。可见画求其工，未有不先定稿者也。定稿之法，先以朽墨布成小景而后放之，有未妥处，即为更改。梓人画宫于堵，即此法也；若用成稿，亦须校其差谬损益，视幅之广狭大小而裁定之，乃为合式。今人不通画道，动以成稿为辞，毫厘千里，竟成痼疾，是可叹也。	
				临摹即六法中之传模，但须得古人用意处，乃为不误，否则与塾童印本何异？夫圣人之言，贤人述之而固矣；贤人之言，庸人述之而谬矣。一摹再摹，瘦者渐肥，曲者已直，摹至数十遍，全非本来面目，此皆不求生理，于画法未明之故也。能脱手落稿，杼轴予怀者，方许临摹。临摹亦岂易言哉。	
	《扬州画苑录》	汪鋆（研山）	幼师鲍君芥田，以其拙，而日夕临摹新罗山人再至三，凡人物花鸟，以及走兽虫鱼，无不入妙。		

古代文献粉本记述摘记					
朝代		史册	作者	内容摘要	印刷刊物
清末民初		《鸣沙山石室秘录》	罗振玉	叶德辉曰:"近敦煌县千佛洞石室有画像范纸,以厚纸为之。上有佛像,不作钩廓,而用细针密刺孔穴代之。作画时,以此纸加于画上,而涂以粉,则粉透过针孔,下层便有细点。更就粉点部位,纵笔作线,则成佛像。"	
近现代	近代	《题担当和尚画册》	缪鸿若	休嫌粉本无多剩,寸土伤心下笔难。	
^	^	《我怎样画工笔牡丹》	王道中	甲 什么是白描:用不同变化的线条(粗、细、长、短、曲、直、顿挫、干、湿等)来表现物体的形象、质感和神态,不加渲染称之白描。白描在中国绘画艺术占有重要地位,它不仅是形象的筋骨,而且还具有相对独立的艺术性,到了宋代已成为独立的画科。如武宗元的《朝元仙仗图》和李公麟的许多作品,都是流传下来的有代表性的白描作品。	人民美术出版社1985年4月第三次印刷版本
^	^	^	^	丁 白描线的感情:长短、粗细、曲直等不同变化的线,都是表达内容的一种形式,线怎能有感情?是的,线是表达内容的形式,但线是依靠笔来表达的,笔是依靠人来运用的,人对所要描绘的形象的理解、爱憎,都不能不付以感情。所以作者的感情将不可避免地、潜移默化地表现在线的变化中。	^
^	日本学者论	《敦煌画稿研究》	沙武田翻译	20世纪60年代,"日本著名的美术史家秋山光和先生对敦煌经变画白描粉本做了开创性研究,认识到敦煌纸本画中存在洞窟壁画'白描粉本'画稿,以S.0259V《弥勒下生经变白描粉本》、P.tib.1293《劳度叉斗圣变白描粉本》为代表进行了探讨,分别就两份白描粉本与敦煌洞窟壁画相应经变画进行了详细比较。通过对敦煌石窟壁画中的相关内容的考察,深入地探讨了画稿与绘画的关系,进而研究作为壁画'白描粉本'的艺术史意义和价值,同时就所涉及的敦煌地方粉本画稿的存在与历史发展及画工画匠与粉本画稿的使用提出了独到的见解"。	
^	中国学者论	《敦煌白画》	饶宗颐	白画:方薰谓:"今人水墨画谓之白描,古人谓之白画。"是白画,即白描矣。又谓:"凡不设色之画,只以线条表现者,得谓之白画。唐代画家无不能之,亦称为'墨踪',朱景玄《唐朝名画录·六》记:吴道玄有数处图画,只以墨踪为之。墨踪,即白画也。"	香港大学饶宗颐学术馆2010年7月版
^	^	^	^	粉本:画稿,古习称"粉本",又曰"粉图"。陈子昂有《山水粉图歌》,李白有《当涂赵炎少粉图山水歌》……又称"粉绘"……	^
^	^	^	^	又,"东坡题跋云:'北齐校书图,本出国手,止用墨笔,盖唐人所谓分本,此谓墨笔作草稿者,为粉本。'"	^
^	^	^	^	模拓:六书有摹印。谢赫"六法"最末一种为"传模移写",其《古画品录》第五品称:刘绍祖善于传写,不闲其思,时人为之语,号曰"移画"。张彦远论摹拓,谓"用透明蜡纸,覆于原画上摹写";又云"顾恺之有论画一篇,皆摹写要法"。郭若虚亦论制作楷模。所谓"楷模",当指临摹之范本也。	^
^	^	^	^	刺孔:此类纸范,其刺成细孔者,为画稿之用。新疆发现唐代佛画断片亦有之。印度画家于所绘人物轮廓上刺以细孔,铺于纸面,即以炭末洒之,留下黑点,用作画本。华则用粉。	^

第二章
中国传统壁画中粉本的应用与拓展

  固守与拓展、师法与师承、近似与不似、式样与样式都是中国传统壁画的"粉本",在其自身发展过程中,形成了中国文化特有的规律与特征。它基于中国人文基础,与哲学、经学、诗词、歌赋及其他艺术门类共同生长、相辅而行,滋养并推进了它的演变。从宫廷定制、官府打造再至民间,没有因为社会动荡、政权更迭而泯灭,为中国文化添加了浓墨重彩。

第一节

固守与拓展——以开化寺与岩山寺为例

高平开化寺

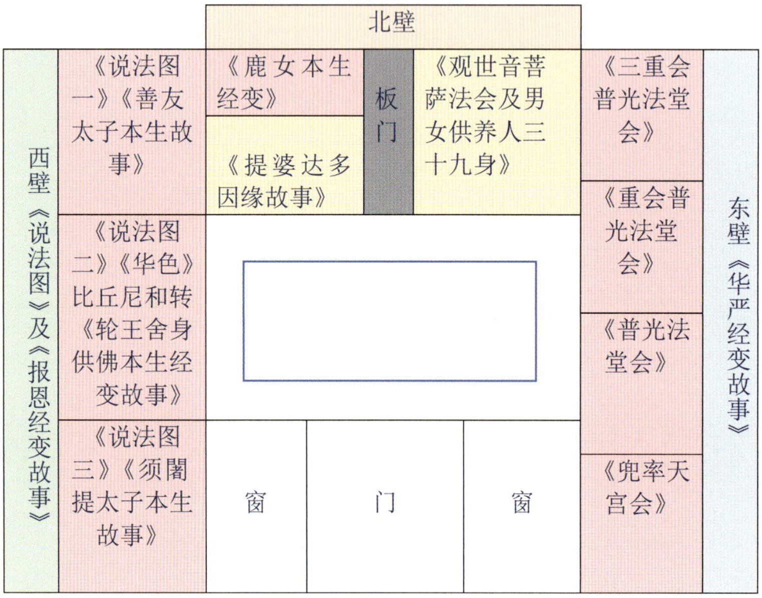

	北壁			
《说法图一》《善友太子本生故事》	《鹿女本生经变》	板门	《观世音菩萨法会及男女供养人三十九身》	《三重会普光法堂会》
	《提婆达多因缘故事》			《重会普光法堂会》
《说法图二》《华色》比丘尼和转《轮王舍身供佛本生经变故事》				《普光法堂会》
《说法图三》《须阇提太子本生故事》	窗	门	窗	《兜率天宫会》

西壁《说法图》及《报恩经变故事》 / 东壁《华严经变故事》

图表 2-1-1　高平开化寺大雄宝殿壁画分布示意图

　　高平开化寺壁画是现存面积最大的北宋时期的壁画，也是宋代壁画中的大成之作，有 88 平方米之多（图表 2-1-1）。从寺内墙壁所留画工题记得知，作者为名不见画史的郭发率众人绘制而成。高平开化寺现在保留的壁画内容是根据结构设计，为多幅排列组合式布局，中间绘说法图（图 2-1-1、图 2-1-2），两侧绘经文故事。这种构图是传统佛传题材中常用并形成格式的构图方式，应该有大量粉本样式可循。中原样式成型之后，迅速传播，从京城政治文化中心，长至几年、短至月余便可达边关。与高平开化寺壁画相似的敦煌莫高窟报恩经变，则是一铺以说法图为中心的不同构图方式。高平开化寺经变壁画，在现存的四铺说法图中绘制了九种故事情节，

048

情节规范应是依据粉本所绘。按佛教的习惯性阅读方式，应从西壁南端然后向北到达北壁西部，散点式构图方法，画面布局环环相扣。这其中的报恩经变画一共绘制有900多个不同的人物形象，虽然是世俗人物，但归纳有序，应是严格按传统粉本样式所绘。另外，还绘制有自然景观、动物、器物等，它们之间大小有序（图2-1-3、图2-1-4）、安排得当，与常见佛教故事中的粉本所绘一致。壁画所绘每幅《说法图》之间都有关联，四铺构图设计基本相似，左右上面部分描绘的菩萨（图2-1-5）、下方描绘的供养人和听法众生像，也与常规的构图方式相吻合，与多处遗存相仿，显然出自同一粉本。

通过比较不难看出，自盛唐延至五代，报恩经变图依据敦煌当地流行的净土类的经变构图，依照粉本所绘，基本格局从未改变。高平开化寺壁画严格恪守传统样式，与相同题材比较，明显有固定的稿本作依据，绘画过程中稿本起到了决定性的作用。明代《绘事微言》："宋画院众工，凡作一画，必先呈稿本，然后上其所画山水人物花木鸟兽，多无名者。明内画水陆及佛像亦然，金碧辉煌，亦奇物也。"其实不仅仅是宋朝画院的画工作画时需要稿本，并沿用更早时期历代作画的方法，这是作画的基本要求。由此可见古代对绘画稿本之重视，"每作一画，必先起草"，要求画家们严格遵守绘画"六法"，每一步都不可或缺。在规矩之中体现了画工精湛的画技和创新能力。

高平开化寺大雄宝殿壁画报恩经变《说法图》为主体画面，主像是释迦佛，画面表现天宫，下方则是宋代生活场景。壁画所绘报恩经变僧众甚多，各色人等一应俱全。按照规制，除释迦佛端坐中间、两边是胁侍菩萨外，还有已经中原汉化的国王及随从、旁边王

图 2-1-1　高平开化寺宋代壁画《说法图》

图 2-1-2　开化寺东壁《华严经变故事》

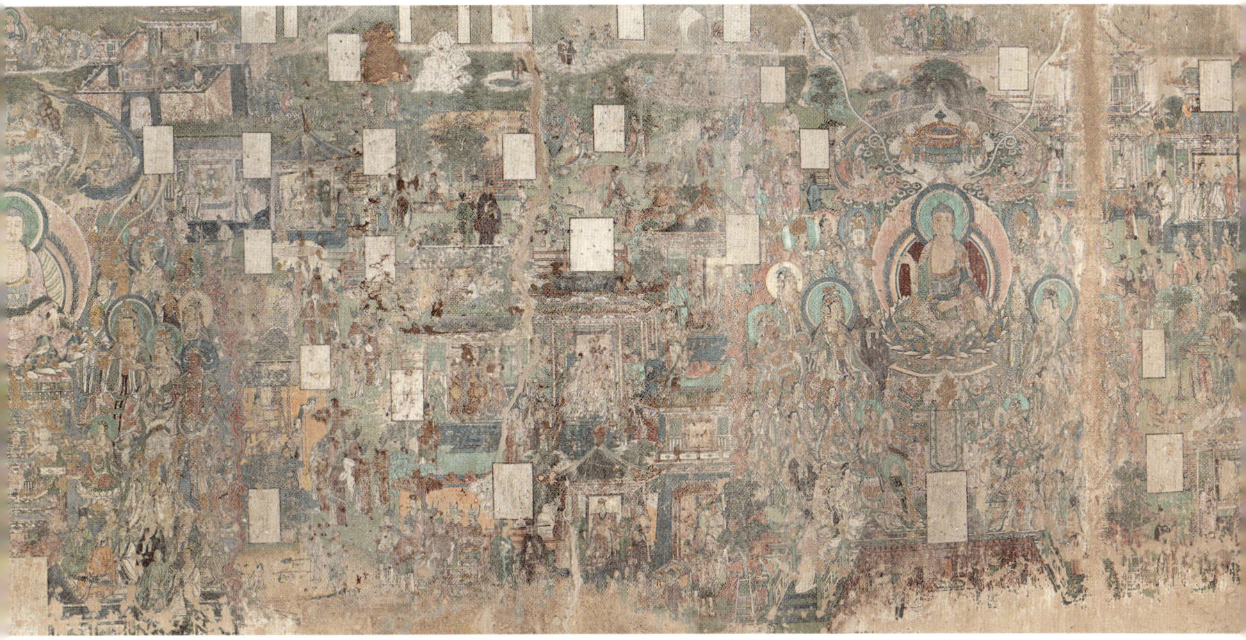

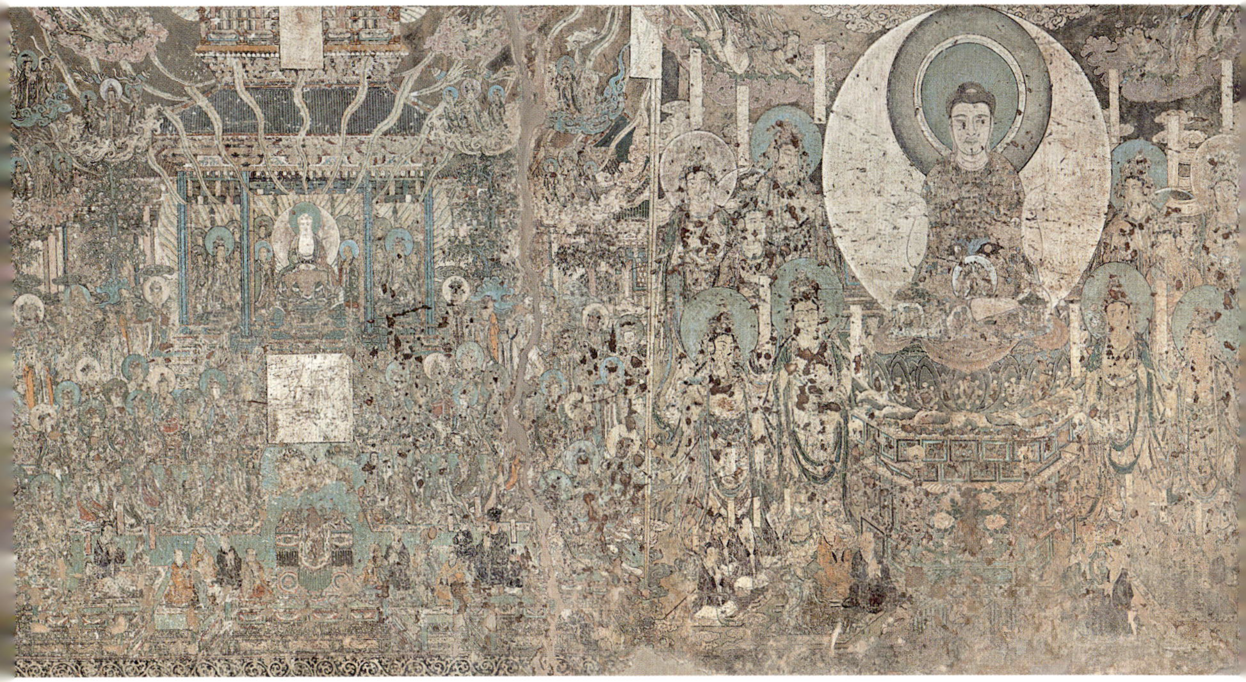

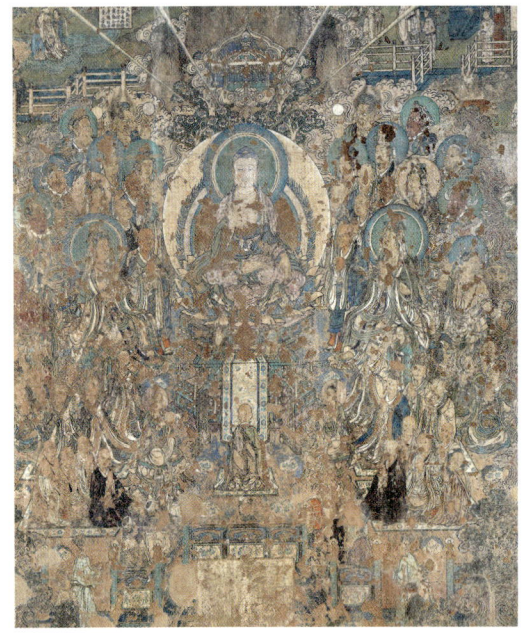

图 2-1-3 《说法图》(局部)

图 2-1-4 根据《说法图》重绘线稿

图 2-1-5 《说法图》菩萨局部

052

图 2-1-6　开化寺报恩经变《说法图》（局部）

子及六师和仙人、身着官服的官员与侍从，更多的是宋代平民。报恩经变壁画中人物众多、身份各异，各个行业均有出场，有赶考的书生士人、商行的商人、脚夫走卒、耕田农人、官府中衙役、宰杀牛羊的屠夫、执梭纺线的织工、挂单僧人与行者、赶羊迁徙的牧人、沿街讨要的乞丐等，无不刻画入微、形象鲜明、性格毕现，动态仪表与身份相符，一派宋代宗教礼仪风范和现实生活场景（图2-1-6）。

图 2-1-7　岩山寺佛传故事画发展路径示意图

繁峙岩山寺

图表 2-1-2　岩山寺文殊殿壁画分布示意图

  岩山寺地处山西省忻州市，位于距繁峙县城东 30 多公里的天岩村，地属五台山，是历代朝拜五台山重要的北向门户和必经之路（图表 2-1-2）。北宋元丰二年（1079）前建寺，金正隆三年（1158）建正殿。殿内壁画根据碑文和题记记载，是由"御前承应画匠"、68 岁的王逵和王道率弟子绘制完成，绘于金大定七年（1167）。

入胎

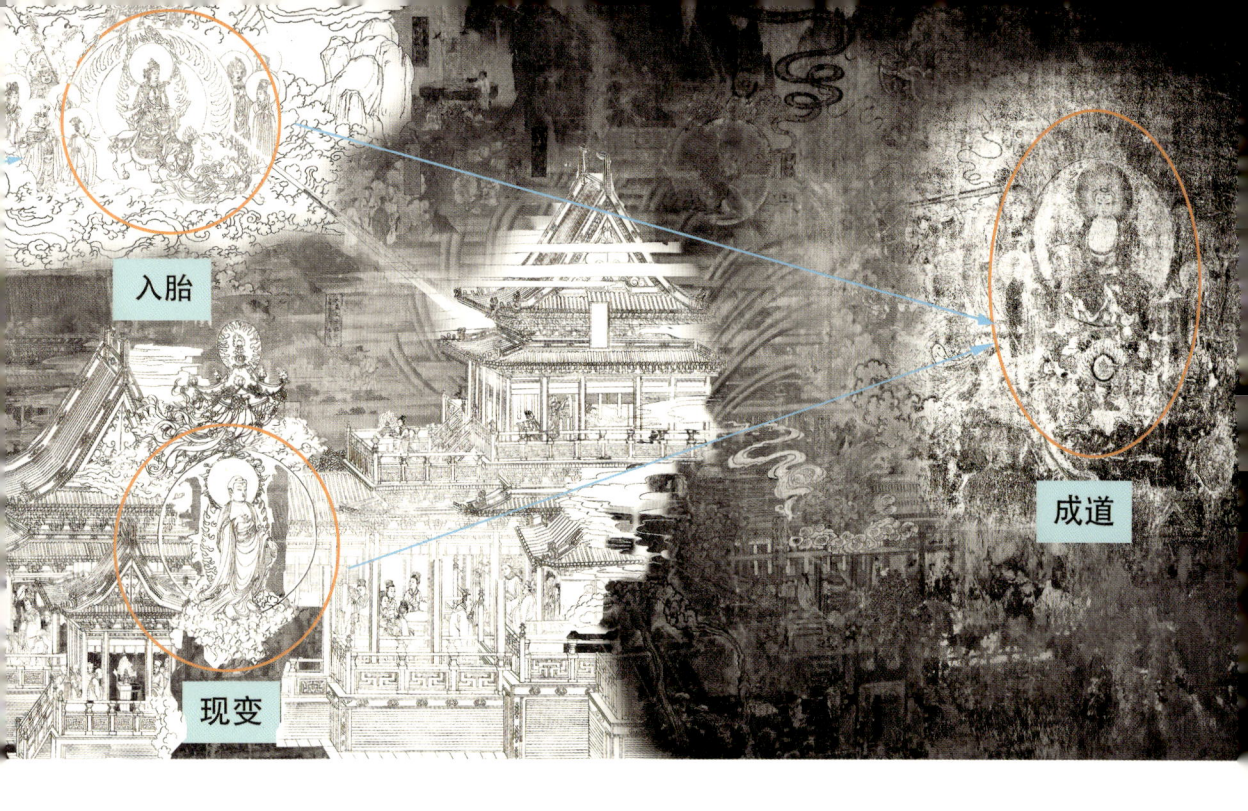

现变

成道

壁画文献未见王逵生平记载，除文殊殿壁画外也不曾有王逵壁画留存，但在岩山寺却有两处王逵题记的内容，一是金正隆三年（1158）《灵岩院水陆记》碑刻"御前承应画匠王逵，同画人王道"题记，二是文殊殿西壁题记"……大定七年前囗囗二十八日画了灵岩院普囗囗画匠王逵年陆拾捌。……"根据两处记录的时间可以断定王逵是北宋亡国后归金的宫廷画师身份。金代未曾沿袭宋制设立皇家画院，仅在宫廷秘书监下开设书画局，在少府监下又设图画署。王逵因"靖康之变"辗转入金，从正隆三年水陆殿壁画所书"御前承应画匠"来推断，他或入少府监图画署下为"图画匠"，绘制文殊殿壁画时应为大定七年；而题记仅写画匠却不题"御前承应"，疑为告老不复服役宫廷。画之品格高下最为重要的因素取决于画者，宋代宫廷画师有奇技方能应诏，金代请"御前承应画匠"王逵主笔，可见为五台山北门户的岩山寺被朝廷倚重。由寺内碑刻所知，水陆殿是寺庙正殿，惜已不存。王逵盛年，手中有从北宋携带来的壁画粉本，率弟子十年辛苦，绘成精彩纷呈的文殊殿。今见文殊殿遗存，四壁满绘壁画，除破损剥落，余97平方米壁画，至今保存完整。内容乃常规之佛本行故事，形象、服饰为世俗人物，是王逵多年生活的写照，中原风俗跃然画面。因地面湿气返碱所致，东、西两壁墙裙漫漶不清。岩山寺文殊殿西壁绘制佛本行故事，讲述的是释迦牟尼从出生修行得道至涅槃的故事，独幅或以连续画面表现释迦牟尼的一生。东壁壁画是佛本生故事，亦称释迦谱（图2-1-7），《说法图》乃为中心画面。岩山寺壁画最为重要的特点是为当代研究宋金建筑留下了重要的图像依据和建筑规范，依图而建的精准描绘为后世所惊叹。

北壁西隅所绘为商船遇难图，北壁东隅则绘舍利塔院图，南壁损伤最重，仅余东稍间尚存壁画，上部绘有亭台楼阁，中部释迦牟尼与两弟子和胁侍菩萨，供养人则因酥碱侵蚀已难以辨识。岩山寺壁画堪称彩版壁画"清明上河图"，叙事恢宏，场面宏大，用笔凝练，形象精到，设色典雅，布局合理，与永乐宫壁画并称"双壁"。壁画的内容从宋代开始，世俗化的倾向日益显著；岩山寺壁画中建筑楼台、市井风俗、山石树木取材于金代现实版的生活场景，西壁宫殿壮观气派，北壁西隅壁画中的海市蜃楼多隐现于云绕水漫之中，但建筑结构尽现。

岩山寺壁画完成于金国，这时已无国家层面的翰林图画院，但画师王逵已经是成熟的68岁之人，所画壁画是对北宋繁华都市的追忆。他主笔所绘的壁画主佛及胁侍菩萨，均有严格的格式和依据，与晋南对应的北宋高平开化寺壁画中的主尊相像。吴道子之后，李公麟、武宗元又领一代画风，所绘图样无论院体及民间画匠班子，无不奉为经典。画稿充盈则绘制技法实力彰显，人才聚集，易为供奉者认可，十年磨一剑，深得供养人信任。

从壁画内容来看，金代岩山寺壁画具有极高的文化价值，体现了边陲地区的民族文化交融。少数民族进入中原，广召汉人入仕，在文化上部分承袭了北宋的遗制，也启用各界工匠参与战后建设。王逵携弟子，以北宋积累的文化素养，以院体之风入画并揉入文人水墨的特点，秉承了宋代画风。更为重要的是：以手中粉本为教材，在缺乏基本教育的北方少数民族腹地，培养了大批弟子门人，使北宋文化得以传承。

岩山寺文殊殿壁画的特殊之处是把佛传故事合理地融入整幅的山水画里，唐末五代乃至两宋山水画技法应用于壁画的绘制，大小李将军的青绿山水，线条精致，勾勒为上，骨法用笔，重彩勾填，设色明亮。绘制方法上运用金粉勒线，起到满壁辉煌的视觉效果，应是宋代宫廷院体风格在民间的体现。在重彩中融入了水墨画的一些特点，壁画略施淡赭，近似白描。岩山寺壁画人物形象合乎规制，从传统粉本式样中脱胎而来。以往常见的传统壁画中会以《说法图》为画面的主体，而岩山寺壁画将《说法图》缩小构图于巨幅山水中，超越时空限制的布局方法使画面井然有序。而东壁的建筑、车马、世俗人物皆源自王逵的生活感受，是对固定格式的宗教题材的拓展与创造，与古人有别，也迥异于同代人，形成了新的样式和式样为后人追摹。壁画将佛本行故事、佛本生故事与社会生活场景融为一体，构图布局新颖，在寺观壁画领域独树一帜，具有很强的记忆辨识度，让人过目难忘。

　　粉本虽世代在匠人中相传，但每个时代均存在行业之间的竞争，画匠班子需要根据出资人的诉求及信仰进行不断地调整，所以，拥有以及运用好的粉本是得到专业认可的一个重要依据。名不见经传的画匠班子，所持粉本则常是摹写高手巨匠之作，也会重金邀当代名家绘制而成。吴道子、李公麟常为寺庙画佛像，被画匠班子奉为经典，流传后世。粉本成为绘画传承便捷的方式和手段，形成了被认可的壁画程式化样式。画工们在继承的过程中以丰富的"口诀"让粉本得以传承，粉本的内容也在积累的过程中不断扩展。长期从事宗教壁画绘制的民间画工大多是虔诚的宗教徒，他们严格按照佛像度量进行绘制。虽然他们一直崇敬并严格遵守阎立本、吴道子等先辈的画风，但是在长期绘制过程中，他们还要根据供养人或者业主的要求以及自身审美能力的变化而进行创作，绘制出不尽相同的壁画作品，社会生活与政治变迁也会导致粉本内容的变化。

第二节

师法与师承——以青龙寺和兴化寺为例

本章先看看师法与师承之间有何相同与不同。在研究传统重彩壁画的过程中，本人在思考：官学、私学、家学是如何完成中国文化的传递与传播的？如何进行技艺的传道授业解惑？师法与师承有什么区别与联系？本章节的重点我将以晋南壁画群中的代表——青龙寺和兴化寺为例，对我所关注的课题"粉本"在中国文化的夹缝中如何生存、生长进行图像分析和阐述。

师法即效法，《尚书·周官》："俞师汝昌言。"《尚书·虞书·益稷》"即老师所传授的方法。《汉书·胡母生传》："唯嬴公守学不失师法。"

师承之说，《尚书·虞书·益稷·儒林传》："若师资所承，宜标名为证者，乃著之云。"后以"师承"指学术、技艺上的一脉相承。王闿运《曾孝子碑文》："少无师承，能自得师，信道执德，秉志不回。"黄侃《论学杂著·礼学略说》："今文、古文，往往差异，姑置勿谈；即同一师承，立说亦复不齐一。"

中国传统重彩壁画体系十分完善，在总结出一系列的规律、方法以及程序后，在造型、构图、用笔、色彩、品评中都已完成了归纳和整理。以我自己的理解，师法更宽泛、更广阔，可大可小、可远可近。可以师法自然、造化为师，也可以仰望以往的那些大师先哲们，汲取他们精湛的方法技艺。师法老师，以传授的经验和方法之外更多是体会哲人慧心。师法自然，以现实为依，有惊天动地的创造能力的大师巨匠开宗立派，传延千年。吴道子游历嘉陵江，不作粉本，目识心记，信笔所至，一日之功，完成了唐明皇所嘱的壁画；李思训、李昭道父子数月不辍，精雕细琢，各有所妙：均得益于以造化为师，而不是一味摹古、拟古之法，凝天地精华，后世追仿，通过摹写而获得粉本。传道授业解惑，师法与师承不断，铸就中国传统绘画的辉煌。远古无书，自三国开始，曹、顾、陆、张等师法严格，注重传承。

唐代的王维以文人画风立派，由宋入元后此风更盛。院体绘画式微隐入民间，文人画终于占据了绘画主流。反观历史，世道沧桑，中国传统壁画在历史的起落沉浮中，在中华民族文明的演进中，经历春秋战国时代，各种学说派生，百家争鸣，儒道至圣，公元前后佛教东渐，这些学说及外来宗教因政权更迭，时有推崇或压制，基于这些因素，在中国自始至终没有统一终极的集体宗教信仰，未能解决人生为何、灵魂安在的问题，无法让更多的人参与同宗教绘画相关的活动中来。而在佛寺道观从事宗教绘画的画工，大多是信徒，青灯照壁，圣徒凡心，他们为心中的至上信仰甘守人间疾苦。佛道绘画，规制繁多，举手投足、站立坐卧、容貌服饰都由不得画工恣意妄为，有《造像量度经》为据，或历史撰写刻书成文，或有粉本为据遵循仪规。工序复杂，施工艰辛，非常人所能忍受。

虽然为世风左右，文人画家集体退隐，但并没有断裂中国传统壁画的传承。究其原因，得益于民间画工的师法与师承。他们薪火相传，完成了文化传递。即便社会地位低下，生存环境艰难，他们的价值取向、技艺传承不曾间断，在师门中经年相守，师法严格，师承有序，梳理粉本依图摹写，传递着重彩壁画的文化香火。不离仪规又把现实人生融入画面，这是民间画工的创造性思维的展示。山西晋南襄陵朱好古被认为是吴道子画派，吴道子画派始因个性鲜明、师法自然、独创经典影响后世，到朱好古所处的元代已经是隔代相传了。吴道子之后白描一路还有宋代武宗元、李公麟，无不惊天动地，神鬼莫测，齐聚于笔下，存留在粉本中，跃然于墙壁上。宋元以来，民间工匠在每况愈下的生存状态中，整体的修为造化已远不及两宋之前的院体画的画师，第一手的创造力已经退化，所以对整理成章的粉本依赖性强。朱好古的出现具有划时代意义，从学术角度判断，他应该是师法吴道子，但隔代相传只能靠天赋异禀、靠灵魂感悟，终有所得。

青龙寺壁画

　　山西稷山青龙寺位于县城西4公里的马村土岗上，始建于唐高宗龙朔二年（662），寺内雕塑未能留世，只有腰殿和伽蓝殿还有部分壁画。这些壁画在20世纪20年代末仰仗村民的保护，从不法商人倒卖出国的途中追回后重新上墙。虽然墙面几经折腾像打了很多补丁，但仍然不能掩盖绘制的精美绝伦。这些壁画总体以布局精巧、形象构图神奇、点画线描娴熟、施彩赋色高妙而闻名遐迩。稷山青龙寺现有元、明两朝的壁画，总面积190余平方米。它和芮城永乐宫的壁画有相同之处，也有诸多不同。中殿是一幅佛、道、儒三教合一的水陆道场画。在青龙寺腰殿（接引佛殿）和大殿（大雄宝殿）之中，皆留有令人为之叫绝的精彩壁画。腰殿绘有水陆画一铺，大东西山墙分别绘制了释迦牟尼说法图和弥勒佛说法图，共同构成一个完整有序的礼仪空间。信众进入寺内，先进入腰殿观瞻三世佛和水陆道场，然后进入大殿依次观瞻，按照过去佛→现在佛→未来佛的顺序完成观佛礼佛的整个过程。

　　稷山青龙寺壁画幅面不能称大，但佛像端庄，菩萨慈悲，侍从礼仪，信众虔诚，眉眼生动，仪态万种，线如曲铁，笔笔飞动。而收藏于故宫博物院的兴化寺壁画《过去七佛说法图》与青龙寺壁画如出一辙。朱好古作为民间画工领袖，开班授徒，门人张遵礼、李弘宜、王椿及再传门人，师承有序，辗转于晋南大地。他们根据时代需求，青灯黄卷整理粉本小样，在石壁粉墙上，凝神屏气与佛神通，讲述佛的故事。本生本行游于笔底，神化于壁。现世来生，善恶报应，因果流转，地狱轮回，人间天堂，苦乐生死，他们诠释的是佛教道规，传达观照的是现世人伦。在现存的寺观壁画中，虽然大多是处在社会地位底层的民间画工所绘，但却蕴藏着最为丰富的传统文化的元素。这是中华民族建立文化自信的根本，也是传统文化再生辉煌的基因库存。

师法自然终极造化，师承有序，大师隔世出，工匠代代传。粉本就中国传统壁画而言，有着无法分割的价值所在，得之于师法与师承，因它而经典和精湛。在晋南寺观壁画群，我们对比这些佛会图壁画，因构图的对称性需求，所以需要形象的近似性。历史未能给后人留下上墙的粉本佐证，但可以想象这些大型粉本在画师家族内部或画坊内父子、亲族、师徒间代代相传。又因为壁画工程的需要而持续沿用，造成壁画粉本的大量使用，快速有效地实现了图像的转移。更为后人赞许的是：仰仗朱好古壁画班底的绘制，同样的粉本下线条晕染的微差，使得满壁皆是血肉丰满、顾盼生辉的形象。

以青龙寺壁画为例，后殿《释迦牟尼佛会图》中有两处现象（图2-2-1）：其一是两位胁侍菩萨通过图像比照，发现文殊和普贤菩萨使用同一粉本绘制（图2-2-2），绘制者修改了菩萨头部的花冠以及器物和手势。其二是两位胁侍菩萨头顶上方有华盖，通常完整的佛教绘画图像中如果出现华盖，华盖一定会绘制完整。但此处的华盖缺少了上半部分，位置又正好处于墙体之外。造成这一问题的

图 2-2-1 青龙寺后殿东壁 《释迦牟尼佛会图》 明代

图 2-2-2 《释迦牟尼佛会图》 普贤菩萨像、文殊菩萨像

图 2-2-3　青龙寺腰殿西壁哼哈二将

原因，最大的可能是：后世在维修建筑墙体时将墙体的上半部分截去；而另外一种可能：画师队伍采用华盖粉本是事先准备好的，但上墙后发现粉本尺寸有误，但两尊胁侍菩萨已经确定了位置，而且发现建筑墙体低于画面预估高度，在不可能更改的情况下，只能删减华盖，因此出现了画面上特殊的半边华盖。

更为明显的例子是青龙寺后殿西壁的《弥勒说法图》和兴化寺现藏于加拿大皇家安大略博物馆的《弥勒说法图》整体出自一套粉本（在兴化寺章节进行分析）。在青龙寺壁画的绘制中，线条的运用已初见大气，挺拔的拙刻韵味，用线如平刀直取，粗细均匀不求细节变化，但随形翻转、起伏跌宕，远观如瀑，形如疾雨，装饰中蕴含的画意是典型的晋南画工之首朱好古的风格（图 2-2-3）。与稷山青龙寺后殿西壁保存完好的《弥勒说法图》相比较，从时间、风格及绘制方法上可以推断出是正当盛年的朱好古携门人绘制，两幅壁画对比，人物形象、动态、服饰如出一辙，虽有细微差别，但也只是画工意趣所至。线条劲挺，力如曲铁，行笔如刀，拙刻韵味十足，一改秀媚纤弱之风，形成了晋南民间画工特殊的审美之风。

图 2-2-4 稷山兴化寺 《弥勒说法图》 元 加拿大皇家安大略博物馆藏

图 2-2-5 （左）法华林菩萨 （右）大妙相菩萨线描归纳

兴化寺壁画

提及兴化寺，会惋惜虽然兴化寺与青龙寺都位于稷山县界内，但兴化寺却没有像青龙寺一样有村民来保护壁画，使得兴化寺的壁画如今各奔东西，分散异国他乡。兴化寺后殿一铺壁画藏于故宫博物院，另一铺中殿壁画《弥勒说法图》（图2-2-4）在海外漂泊，最后落脚于加拿大多伦多皇家安大略博物馆。这是晋南壁画群中最为精美的两铺壁画，却因在深宫和海外不为太多人所识，远不及永乐宫壁画那样为普通观众甚至学者所关注与熟知。从线稿（图2-2-5）分析，两位胁侍菩萨应该是使用同一粉本绘制，只是改变了手印和装饰。前面提及这铺壁画与青龙寺的《弥勒说法图》使用了同一套粉本，从绘制顺序以及人物安排上对比图片，可以看出是一套粉本两队工匠的作品（图2-2-6～图2-2-12）。

粉本中一些人物形象，是在前代粉本基础上的再创作，在晋南佛会图壁画中也有这种情况出现。如北宋张激《白莲社图》中的俯面僧人形象（图2-2-14）也出现在兴化寺壁画《弥勒佛佛会图》（图2-2-13）中。两者的区别在于：《白莲社图》中的僧人是作笼袖状，在风格上使用柳叶描；兴化寺壁画中的僧人是作剃度状，风格上使用琴弦描。兴化寺《弥勒佛佛会图》中俯面僧人的形象，通过现代科技透视画面底层后，露出了初绘时的线条，这个僧人原先视角更高（图2-2-15），现在明显放低，以配合他的剃度行为。再如《弥勒佛佛会图》的右半部角落处，有一位西域风格的侍从（图2-2-16），其动态与新疆吐鲁番伯孜克里克石窟《供养礼佛图》中的僧都统、西亚供养人（图2-2-17）的形象较为相近。西域侍从与西亚供养人在动态、容貌上较为接近，不同点在于服饰穿戴与盘中所盛物品的不同。

图 2-2-6　青龙寺《弥勒说法图》中的梵摩越剃度图

图 2-2-7 兴化寺《弥勒说法图》中的梵摩越剃度图

图 2-2-8　青龙寺　供养菩萨　　　　　　　　　　图 2-2-9　兴化寺　供养菩萨

图 2-2-10 青龙寺 供养菩萨　　　　　　　　图 2-2-11 兴化寺 供养菩萨

图 2-2-12 《弥勒说法图》（局部）

图 2-2-13 《弥勒说法图》(局部) 剃度僧人白描

图 2-2-14 张激 《白莲社图》(局部)

图 2-2-15 现代科技透视下的剃度僧人

图 2-2-16 《弥勒说法图》中的侍从

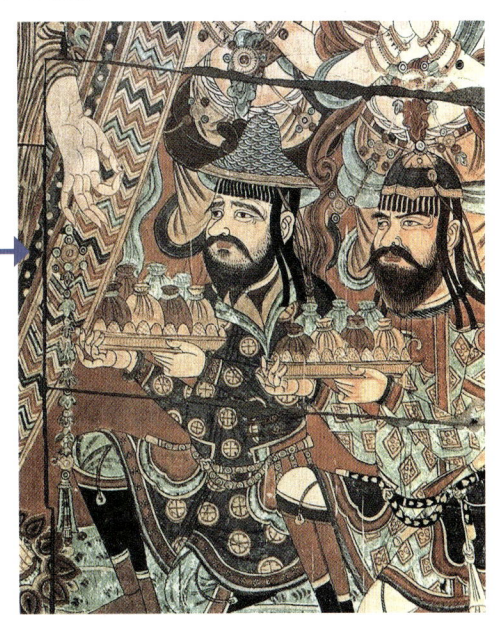

图 2-2-17 伯孜克里克石窟 《供养礼佛图》中的侍从

071

在积贫积弱的旧中国，兴化寺两铺壁画命运多舛，皆难逃被盗取之命运。不幸中的万幸是故宫博物院古物馆副馆长和北京大学研究所考古学系主任马衡，发动学界并出面议价，在天津口岸赎回了兴化寺主墙壁画，并为北京大学研究所国学门考古学室收藏。1952年，由郑振铎先生主持调拨给故宫博物院，由中央美术学院的教授王定理先生指导进行了分离与组合。1959年，故宫博物院决定将《七佛说法图》不定时展示，与研究者和观众见面。两铺壁画从画面来看，都是朱好古盛年时期统领门下弟子完成的，笔力遒劲，造型大方，把吴道子的绘画样式已经成熟转化为自己的风格，将士气、书卷气、娟秀气转为豪气、香火气与匠心所在的大匠之气。虽然也有不少研究者专文评价兴化寺壁画，但由于文化差异和专业对接之故，大多是话在题外，有隔靴搔痒之弊。敦煌莫高窟藏经洞当年被盗后衍生出敦煌学，已让人五味杂陈，但兴华寺壁画被盗卖一个世纪以来，对晋南壁画群的研究远未达到与其成就及艺术水准相匹配的程度，对以朱好古为代表的元代民间画师的研究与美术史的定位也有待商榷。

作为晋南画工领袖的朱好古，不仅自己技艺惊人，还梳理画稿，整合粉本，开班授徒，承接前朝之辉煌，创造后世之灿烂。在两宋之后中华文化衰微之际、寺观石窟壁画存亡关头，以他为首的晋南壁画群体承前启后，以存世的晋南壁画群补充了中国绘画史，续写了壁画篇。当下，重新挖掘研究晋南壁画群，尤其是那些永远之痛的流失在海外、远离本土的壁画珍品，以今日的科技手段和学术积累，等比例复制，迎接文化回归，是我们壁画研究者的责任和义务。

第三节
近似与不似——以毗卢寺和公主寺为例

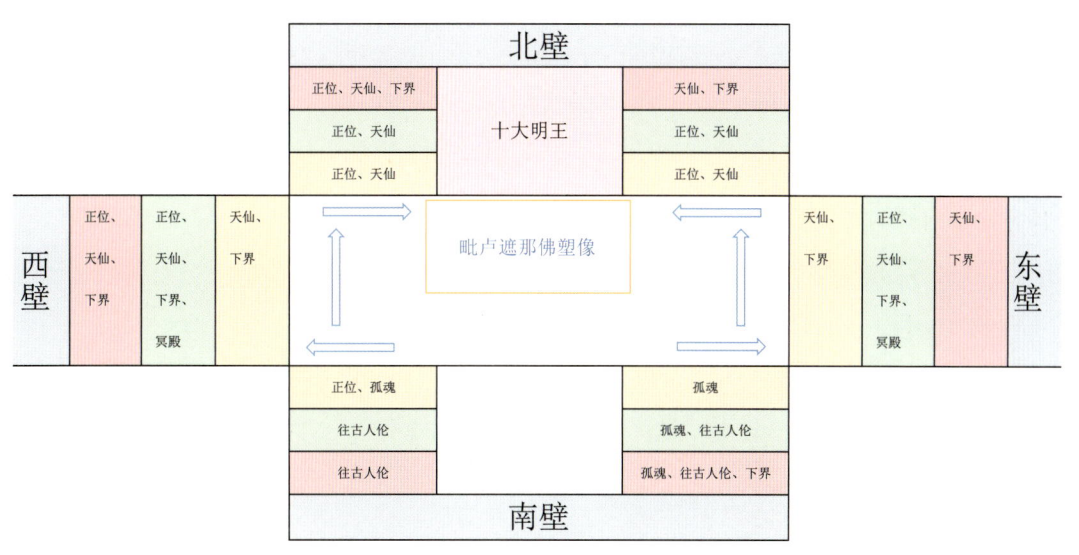

图表 2-3-1　毗卢寺毗卢殿壁画分布示意图

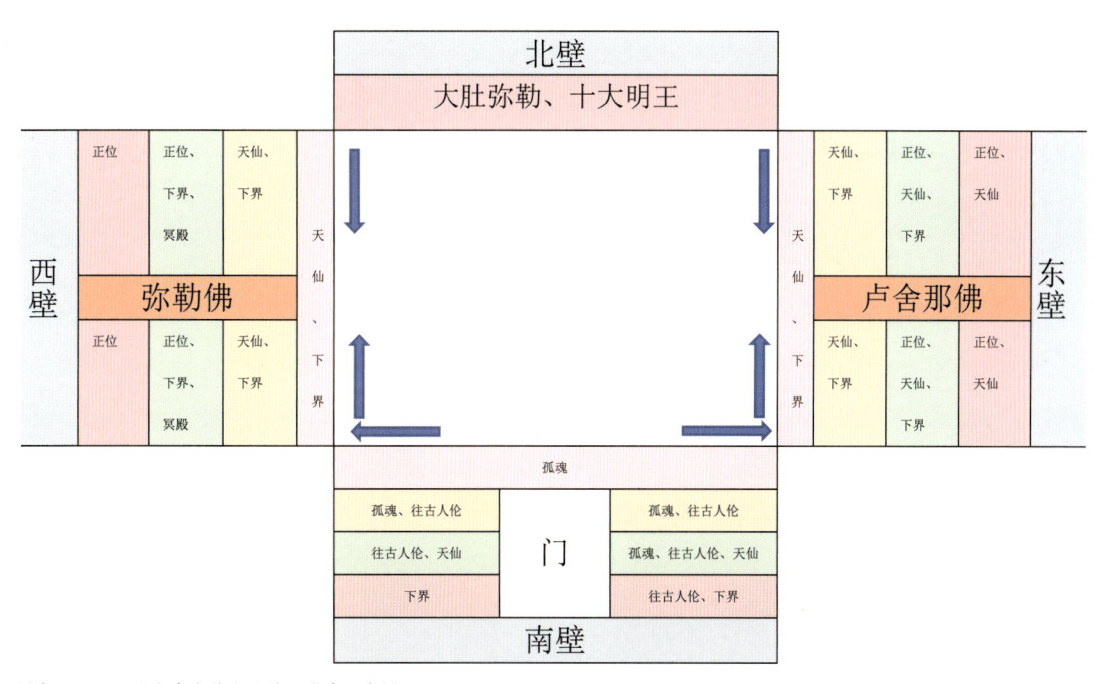

图表 2-3-2　公主寺大雄宝殿壁画分布示意图

位于河北省石家庄市的毗卢寺，创建于唐朝，宋、元、明各朝都曾重修。原来的建筑规模宏大，壁画较多，现仅存释迦殿（前殿）和毗卢殿（后殿）。

因毗卢殿中央佛台上供奉的是佛教本尊主佛毗卢遮那，故该寺被称为毗卢寺。绘制面积共200多平方米，是我国目前保存较为完好的明代重要壁画之一（图表2-3-1）。曲阳有北岳庙，庙中壁画也传为吴道子粉本，一南一北，距上京村均不过百里。毗卢寺壁画风格也是承袭了吴道子画派的粉本。毗卢寺壁画在整体气势上不及同为元代的永乐宫壁画，但仍有自身的绘制特点。

公主寺壁画从面壁上的人物塑造，以及发簪配饰、主调服饰的色彩和人物手持的器皿来看，也可以印证是明朝无疑。而作为公主寺大佛殿的壁画内容来说，皆为佛仙神鬼朝拜佛教世尊的经典水陆画（图表2-3-2）。在墙壁的东、西两侧以及房屋前檐的两次间的画面上，刻画了布满佛、菩萨和传统儒释道三教的主流的人物形象，而北壁则描绘了十大明王像，在其东、西两壁中央画有弥勒佛以及卢舍那佛像，而后就是大家熟知的名目众多的天王、金刚以及罗汉诸神尊了。他们分布四周，从而形成一种众神礼佛、群仙会面的宏伟壮观场面。其含义就是东、西两侧的仙尊神位，是"主吉凶、降祸福"的，其掌管的是人世间的风雨灾害以及人们的农业丰歉。而北壁的十大明王像则是承担着司职护持佛法和驱邪震魔的作用，南壁的画像则绘出了地府阎罗和狱王鬼卒。从众多的天王、金刚以及罗汉诸神尊及地府阎罗和狱王鬼卒的造型和刻画来看，毗卢寺与公主寺如出一辙，明显出自同一粉本（图2-3-1～图2-3-10）。

现存的元、明、清时期的壁画中，尤其是寺观壁画，有不少相似的各类人物形象，山西境内居多，如芮城的永乐宫壁画、河北石家庄的明代毗卢寺壁画、晋北的永安寺壁画等。人物画的线条呈现出"吴家样"的人物风格样式，人物形象感官出自同一粉本，为当代粉本的研究及传承提供了重要依据。把同一粉本作为绘制的依据，作品应本属同类型的图像体系，可在不同时期依照粉本绘制而成，同一时期由不同画匠画班依据相似的粉本绘制而成。经过壁画比对，敦煌莫高窟唐代第220窟东壁所绘的《维摩诘经变图》与《帝王出行率众赴法会图》，与美国波士顿美术馆收藏的传为阎立本的《历代帝王图》惊人的相似，它们之间极可能来自同一相似的粉本。一些学者对国内外现存的绘画粉本进行比对研究后认为，与永乐宫壁画也可能出自同一粉本的还有藏于加拿大皇家安大略博物馆的元代朱好古的壁画《神仙赴会图》。

粉本的使用在民间画匠班子中具有普遍性，当下对粉本的研究具有极为重要的意义，从中可以寻找宗教绘画样式与绘画风格的地域传播路径轨迹。从现存的壁画遗存来看，宋、元、明、清皆有多种粉本流传，粉本的传承受时代、地域、民族、文化及时代风尚的影响，粉本的差异也是导致后期追摹者在内容与风格方面不同的重要原因。历代壁画对诸佛、神祇及各种角色人物的描绘，彰显出唐宋风格、样式，呈现出传承轨迹。佛道儒所画人物形象及排列组合的方式都要遵循严格的仪轨，粉本是重要的依据，依图进行绘制。从盛行于金代、体现三教合一的水陆画也可以看出粉本的重要性。北宋黄休复的《益州名画录》中记载的唐张南本于成都宝历寺所绘的120余帧，现藏于山西省博物馆的山西右玉宝宁寺明代水陆画轴有139幅，明嘉靖四年（1525）《毗卢寺田产记》碑文记载：毗卢

图 2-3-1　公主寺《持国天王》

图 2-3-2　毗卢寺东北壁下层《持国闻多天王》

图 2-3-3　公主寺《四值使者》

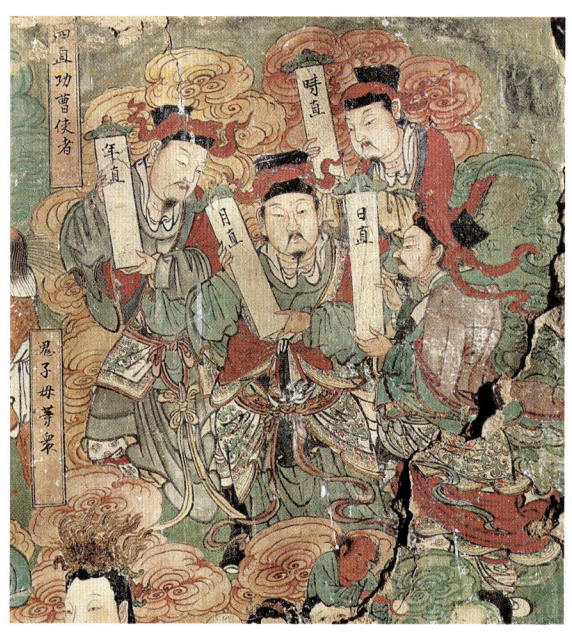

图 2-3-4　毗卢寺《四值功曹使者》

图 2-3-5　公主寺《天龙八部》（局部） 　　　　　　　图 2-3-6　毗卢寺《天龙八部》（局部）

图 2-3-7　公主寺《金刚座神》 　　　　　　　　　　图 2-3-8　毗卢寺《金刚等众》

图 2-3-9　公主寺《南斗中斗西斗星君众》（局部）　　　　图 2-3-10　毗卢寺《南斗六星》（局部）

寺内原保存有"画像二堂共三十六轴，地藏十王三曹六案两堂"，所记应是绘制寺内壁画的粉本，而且粉本保存较为完整，为研究壁画提供了重要资料。寺院留存的壁画粉本对研究该寺壁画意义重大，壁画进行修复或重绘时作为比照，以此为依据可以更为直接地研究寺观壁画图像的内容和风格。

晋北地区浑源永安寺法正宗殿的壁画中的图像设计与郑振铎先生收藏的明代版画《水陆法会神鬼图像》有着较强的相似性。《毗卢寺壁画艺术世界》《水陆法会神鬼图像》《宝宁寺明代水陆画》与永安寺壁画及榜题加以比对，可以看出四者在榜题与书写方式上的相似与不同。永安寺壁画与《水陆法会神鬼图像》的榜题以及书写方式比较相似，因此推断永安寺现存的水陆壁画与明代刻本《水陆法会神鬼图像》版画很可能出自同一粉本，可以进一步通过图像比对或者电脑科技等手段进行进一步的判定。因为永安寺壁画时代晚于版画刻本，也很有可能是依据《水陆法会神鬼图像》绘制而成。其他如山西稷山青龙寺后殿和腰殿壁画、永乐宫三清殿壁画、忻州繁峙公主寺壁画及河北省也有大量寺观壁画存世。蔚县故城寺壁画、怀安昭化寺壁画等，它们之间有着惊人的相似度，究其原因就是源自参照粉本的相似，更有可能是来自相同的画匠行绘制。对壁画图像源流探求，无法避开的依据当为粉本。

毗卢寺与公主寺壁画的不似之处：毗卢寺略晚于公主寺，两寺分属河北、山西两省，两寺从整体造型、构图及局部处理可以断定出自同一粉本。但在画面中，毗卢寺独立表现了城隍五道的位置（图2-3-11），画中城隍五道土地一干人众，于南壁着红色官服、捧笏者当为城隍，其侧头戴东坡巾、白须皓首，头戴东坡巾的青衣老者则是土地，其身着金色盔甲、披红袍、赤脸须髯是五道将军，城隍、土地身后，有二小鬼另绘其侧。但反观公主寺中把城隍五道绘制成附属于清源妙道真君的形象且置于身后，与毗卢寺明显不同（图

图 2-3-11　毗卢寺《城隍五道土地众》　　　　图 2-3-12　公主寺《清源妙道真君城隍五道》

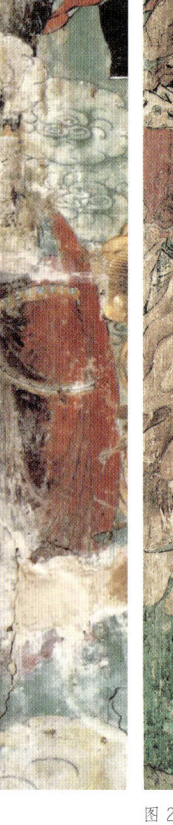

图 2-3-13　公主寺《崇宁护国真君山神土地众》　　　　图 2-3-14　毗卢寺《崇宁护国真君》

2-3-12）。毗卢寺崇宁护国真君像成为以后常见的典型形象。崇宁护国真君、清源妙道真君分别位于西、东壁下层最南侧，呈对应关系。崇宁护国真君、清源妙道真君的对应在公主寺已经出现。公主寺崇宁护国真君像尚不典型（图2-3-13），毗卢寺像为后世常见的长须髯青衣大刀形象（图2-3-14）。图中崇宁护国真君头戴青冠，赤脸，长须髯，身着青色袍服，胸前饰金色龙纹，双手扶束腰上的革带，脚蹬青靴。身后有三将相随，头戴黑色幞头，面容俊朗：身着红色朝服者应为关平；赤脸、面容威武、手捧青龙偃月刀者为周仓；另有一武将着红色袍服，双手捧金色头盔。

粗略地看，毗卢寺清源妙道真君像与公主寺颇为相似，形象英俊，无须，着黄袍，戴黑色幞头。但细观公主寺真君像（见图2-3-12），则左手下垂而右手握革带；毗卢寺真君像（图2-3-15）左手优雅执如意，右手则下垂。毗卢寺所绘真君像身后伫立二人：赤脸须髯为武将，着红色袍服，以双手执骨朵；俊秀挺拔为青衣童子，左持弓、右捏宝珠。清源妙道真君像的右侧一犬相随。两寺青衣童子与犬基本相似，唯武将形象、佩饰、兵器有异。

080

图 2-3-15 毗卢寺《清源妙道真君》

  山西公主寺清源妙道真君后侧有一持笏官员，着红色官服，从多方面比对远隔数百里的两寺真君像，虽然毗卢寺绘制水平较高，但从时间上推断，毗卢寺从粉本中学习借鉴或摹写了公主寺壁画。毗卢寺四大天王有标题，公主寺也有标题，但两寺有别。万事不可操之过急，手中持琵琶者为东方持国天王；执智慧之剑斩断烦恼者为南方增长天王；变化多端、从容应对身缠龙蛇的为西方广目天王；托塔柱伞、持清净之心的为北方多闻天王（图2-3-16）。可能是画工笔误或两地有异，四大天王出现了标识错误，正确的榜题应该是"持国多闻天王"改为"持国增长天王"、"广目增长天王"（图

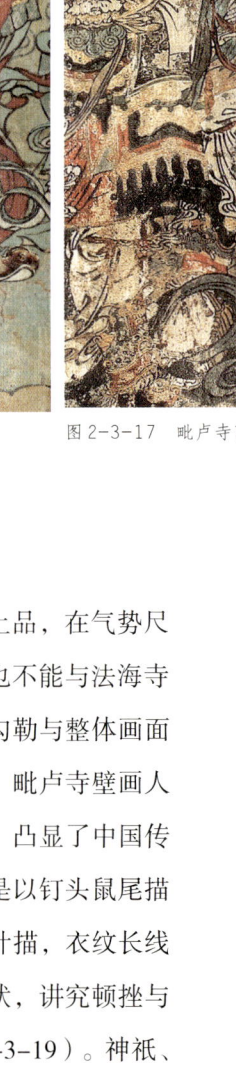

图2-3-16 公主寺《多闻天王》

图2-3-17 毗卢寺西北壁下层《广目增长天王》

2-3-17）的榜题改为"广目多闻天王"才符合规制。

  毗卢寺水陆壁画的绘制水平为中国传统壁画之上品，在气势尺幅上不及山西永乐宫宏大，在工艺制作贴金描银上也不能与法海寺的皇家御制的精工打造相比，但在形象刻画、线条勾勒与整体画面的制作上却另辟蹊径，在寺观壁画中占有一席之地。毗卢寺壁画人物形象饱满生动，与密不透风的构图方式相映生辉，凸显了中国传统壁画对称布局的强烈视觉效果。在绘制方法上则是以钉头鼠尾描替代了吴道子画风而影响后世。宋元之后风行的兰叶描，衣纹长线条不再是圆转绵长，以钉头鼠尾、起笔落差跌宕起伏，讲究顿挫与转折行笔，疾笔、断笔、顿笔并用，爽快超迈（图2-3-19）。神祇、天仙、正位、下界、世人、阴曹、冥府、孤魂野鬼等的勾画均为钉头鼠尾，并在建筑、山石、树木、车舆器物及衣纹上保持行笔风格，壁画的整体趣味统一而和谐。因此，可以总结出毗卢寺壁画的时代特点，即绘制方法成熟并具有极强的金元之后水陆道场壁画的风格特点。毗卢寺壁画除当代保护因临近水渠铺面变色之外，其他铺面保存较好，中国传统的矿物质颜料之美尽现，包浆剥离处仿佛如同初绘。

公主寺壁画在时间上早于毗卢寺，在绘制勾勒上稍显力道不足，虽然也是顿挫起伏变化较大，仍以兰叶描为主，但露锋偏锋较多（图2-3-18），壁画中人物造型及性格表现要弱于毗卢寺壁画。公主寺壁画注重了金刚力士的筋骨之强，僧尼信众有世俗人物特征，偶尔有钉头鼠尾的勾勒描画，但在画面中不起支撑作用，画技也可谓熟练但整体格调不及毗卢寺，应为寺观壁画之中品。

本章节所说的"似与不似"与文人画的观照方式不是同一概念，此处"似与不似"不是苏东坡的"见与儿童邻"，更不是齐白石的"似与不似之间"。而是中国传统寺观壁画虽以粉本为依据，但因时代不同、地域差别、画工的解读方式不同、绘画风格和绘制技艺不同、个人习惯不同，同一题材的壁画既是源于同一粉本，最终的绘制效果会产生细微的或者巨大的差异，这是我们研究传统壁画尤其是研究粉本应该用心关注的学术问题。

图 2-3-18 公主寺《旷野大将军》（局部）

图 2-3-19 毗卢寺《旷野大将等众》（局部）

第四节

式样与样式——以多福寺和崇善寺为例

中国古代绘画样式

朝代	画家	"样"	风格	遗世作品
南朝梁国	张僧繇	"张家样"	以简洁的线条勾勒轮廓，用颜色晕染出立体的效果。	《五星二十八宿神形图》（宋摹本，局部）
南北朝北齐	曹仲达	"曹家样"	曹之笔，其体稠叠，而衣服紧窄。所谓"曹衣出水"，是指用紧匝的线条，按人体的起伏结构勾勒衣纹，能充分地显示人体的美感，就像衣服被水湿过一样紧贴着身体。	青州塑像
唐朝	吴道子	"吴家样"	吴道子早年行笔差细，中年行笔磊落，挥霍如莼菜条，人物有八面生意活动。他善画佛像，用笔圆转，所画衣纹如风吹起舞。后人称其"吴带当风"，世称"吴家样"。	《二十八宿像》（局部）
中晚唐	周昉	"周家样"	他的画"全法衣冠，不近闾里"。作仕女为浓丽丰肥之态，作品中透出一股富贵气质。	榆林窟第2窟《水月观音》 《簪花仕女图》（局部）

"曹衣出水、吴带当风"是形容不同时期大师们创造性的风格，影响深远。顾、陆、张各尽其妙，武宗元、李公麟白画绝世，都为中国传统壁画的传承、发展、传播留下了可以见证的图像依据。这些图像依据为宫廷、官府、民间奉为经典的样式，渗透于院体、文人雅士、民间工匠之中，通过各自的领悟又派生出不同的变化，连续构图的连环壁画就是在发展的过程中逐渐形成的新的式样。式样源于早期的样式，但又便于普通信徒阅读理解，连续不断地迥异于前人，是新的传统壁画样式的延伸。

多福寺壁画

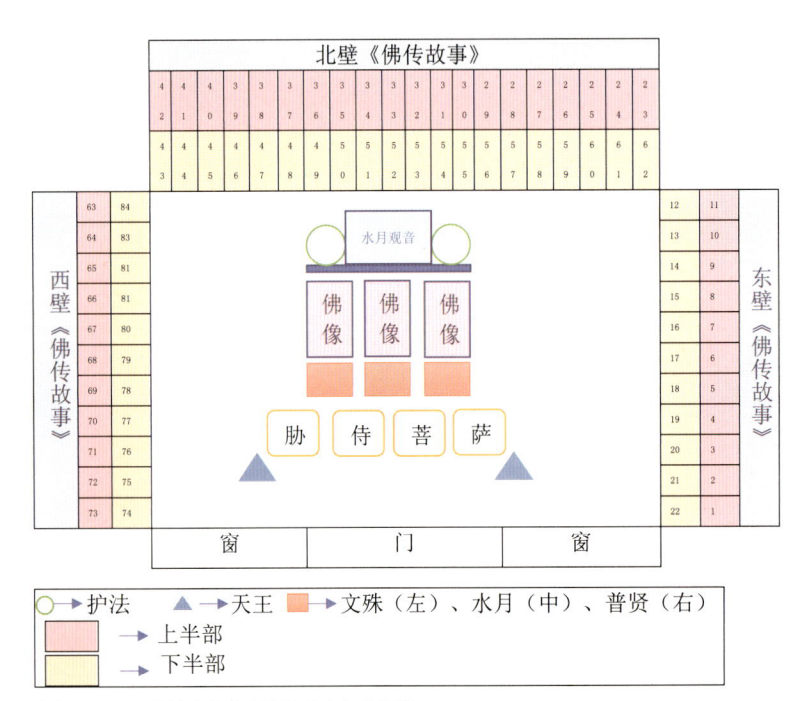

图表 2-4-1　多福寺大雄宝殿壁画分布示意图

多福寺大雄宝殿内现存绘制的壁画面积为90.93平方米。壁画所绘内容是释迦牟尼本行故事，有84幅壁画为连环构图。多福寺与崇善寺都采用了连环构图的形式。山西太原多福寺壁画绘制的形象主要内容有人物、建筑和山水等（图表2-4-1）。民间画师以敏锐的观察力加以娴熟的技艺进行绘制，描绘了众多各色人物形象。

多福寺与崇善寺均是以多幅连续构图的形式存世，明代这一样式成熟并广为流传。在同台竞技中，多福寺的两家画匠班各显神通，以自己掌握的大量连环构图的粉本为依据，竭尽所能，留下了多福寺相似而又不尽相同的铺面。通过对多福寺和崇善寺所藏"宝石画"的比对，不同的绘制方法下，用不同的样式描绘同一式样的题材的两种视觉感受（图2-4-1～图2-4-14）。

图2-4-1　多福寺《树下降生》

图2-4-2　崇善寺《树下降生》

图 2-4-3 多福寺《太子步行七步图》  图 2-4-4 崇善寺《太子步行七步图》

图 2-4-5 多福寺《走马奔象图》  图 2-4-6 崇善寺《太子走马奔象图》

图 2-4-7 多福寺《拒战魔军》  图 2-4-8 崇善寺《拒战魔军》

图 2-4-9　多福寺《迦叶礼佛金棺见双足图》 　　图 2-4-10　崇善寺《棺现双足》

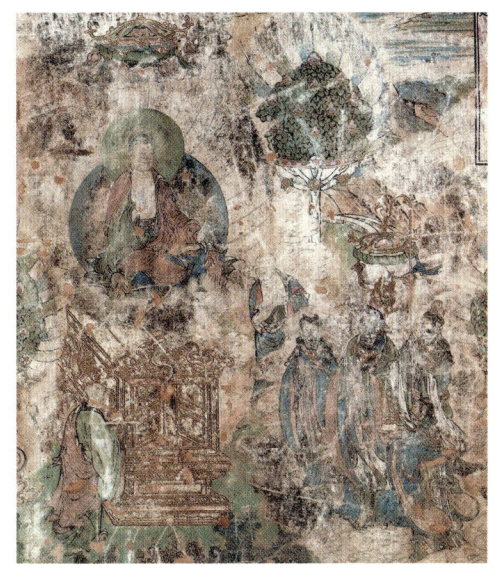

图 2-4-11　多福寺《出棺与摩耶夫人说法图》 　　图 2-4-12　崇善寺《出棺说法图》

图 2-4-13　多福寺《建舍利宝塔图》 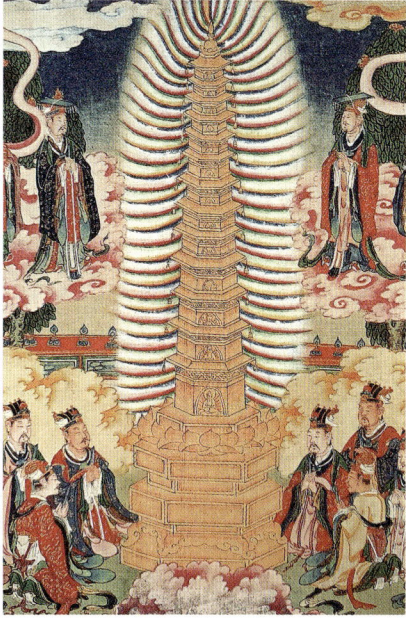　　图 2-4-14　崇善寺《建舍利宝塔图》

图 2-4-15　崇善寺《释迦世尊应化事迹和善财童子五十三参图》

崇善寺壁画

　　山西太原市的崇善寺,创建于唐代。明洪武十四年(1381),晋恭王为纪念其母,在旧址上大肆扩建。清同治三年(1864),寺院起火建筑被毁,幸存下来的仅有大悲殿及周边附属建筑。崇善寺最为珍贵的是那两套壁画摹本。临摹复制并且妥善地保存是历史上的名画流传于后世的重要方法。今天我们仍然能够一睹大雄宝殿当年两披长廊上的壁画内容,应感谢不辞辛苦留下摹本的画工们。这两套绘本,一套是《释迦世尊应化示迹图》,描绘了释迦牟尼的故事;另一套是《善财童子五十三参图》(图 2-4-15),描绘了善财童子参佛学法的故事。它们虽经历了 500 余年,但仍鲜艳如初,被人们称为"宝石画"。色彩艳丽犹如宝石璀璨,可回想当年的瑰丽。这些画为研究中国的绘画史等,提供了宝贵的资料。我们来到崇善寺,见到了崇善寺住持法海,他详细给我们介绍了这两幅色彩鲜艳如初的"宝石画",并告知一睹真容并不是遥不可及。期待再次来到崇善寺时能够亲眼看见"宝石画"的风采。

以下是崇善寺的法海住持为我们讲解时的录音整理：

清同治三年（1864），崇善寺发生火宅，寺内主要建筑大半被火焚毁。大火历时两个月，烧到了大悲殿的前面。现仅存大悲殿、东西配殿等少数建筑系明代遗构和建寺时候的塑像《三大士》（千手千眼十一面观世音菩萨、千臂千脖千释迦、千华指普贤菩萨）。

崇善寺大雄宝殿回廊使用的就是释迦牟尼应化事迹和善财童子五十三参，一共148龛，在建寺100年的时候，成化十九年（1483年），当时拿绘画的原材料临摹在绢布上。1864年着火烧了，其实一直到后期还有一些残壁。到了20世纪90年代拆了，这个是非常珍贵的绢本，这是一个90年代的照片，其实这个留的有绢本，这个绢本当时他们准备复制了，（山西）省宗教局当时想复制一批，请了我们太原画院一个学生扫描了以后临摹出来，在香港展览过。但是，那个描的不行，因为是学生，叫他去描的时候手都抖啊。你手都抖了，线条直的地方都是弯弯曲曲，原本要比这个颜色还要鲜艳。其实这个留的有绢本，那个又复制了，这个绢本当时他们准备复制，以前是印的，扫了一下就搞定了。香港那个印的好，我们上次有人在香港买的。差不多都挺多的，反正买了有将近10年了，当时出版的时候，我记得好像在中国香港卖300美金，非常贵。或者是因为发行量非常少，当时给我们山西寄回来1000部，当时省里准备跟他打官司。当时还出了一个山西佛教彩塑，那个挺珍贵的，因为在20世纪90年代改造的时候好多地方又拆了一批。其实那个反而是留下东西了，这是1973年请回来的复印品。我们《赵城金藏》

有一卷，中华大藏经是1983年出版的时候赠送了我们，是因为我们这儿的元代《普宁藏》做的教本，7种教刊，底本是《赵城金藏》。

当时根据壁画又做了一块绢本，绢本是建寺100年人家就画好的，在特殊的时候保护下来了，要不也毁了，因为是成化十九年（1483）临的，所以现在听到你说我们有这个挺金贵的。要在整个上面复原的话，可以做个开光大典。要纠正一下，我2004年开了一个现场会，请了北京的国家古建研究所的所长。他来了，这才引起政府重视。一般来说是这样，因为它是里边有结构，所以它不影响现在的稳定性，就是它的颜色外面往上走。最先是要修大殿，完了到时候看，如果需要增加。应该单独学一下，要先把这个（"宝石画"）要保护起来，整体保护起来。

位于太原崛围山的多福寺壁画，绘制于大雄宝殿内壁。与其他寺院不同的是：东、西两侧壁画是由两组画师同室竞技，所以风格及绘制工艺相似但又稍有不同。对多福寺壁画及其风格的研究，可以从学术层面了解明代壁画不同地域及不同画工的各自特色，对厘清明代壁画源流具有十分重要的意义。

崇善寺则因大火，原铺壁画不存，但幸运的是有心之人进行了整体的摹写，虽不知与原版有几多差异，但能有依据对照，后续的复原补绘就有了重要保障。中国文化之痛来自于常因个人私藏或陪葬而出现时代断裂，帝王将相竞相为之，布衣庶人亦然。如有崇善寺粉本之先见，我泱泱华夏文明将何等璀璨。多福寺和崇善寺以传世之作，充分诠释了中国传统壁画粉本的式样与样式，为后世研究式样与样式提供了宝贵的可视图像资料。

小结

　　本章节我总结了中国传统壁画粉本的规律与特点，概括为"固守与拓展、师法与师承、近似与不似、式样与样式"，并论及粉本对审美观念的影响及传播功能，尽量避开别人论及或过多论述的问题。山西五台山佛光寺唐代寺观壁画因遗存不多，且无对应的同时代寺观进行比较分析，难免挂一漏万，仅仅把自己平时关注较多、有心得体会的宋代高平开化寺、金代岩山寺、元代青龙寺和兴化寺，以及明代崇善寺和多福寺反复比较论证，希望能够找出规律、发现问题，并得出尽可能接近真实的结论。

第三章
粉本的价值

　　粉本是中国传统壁画绘制内容和审美规范的保障，没有"粉本"，无法想象中国传统壁画在漫长的岁月里，面对欧风东渐，外来文化强势来袭，如何既保留我们的文化基因，又继承中国传统壁画的绘制流程还能够广收博取、融会贯通。本章节试图从壁画的基础教育、审美培养、佛道规制、文化传承等方面进行讨论：粉本，对中国壁画发展的教育价值；对传统文化与图像传承的价值；对中国造型语言、审美情趣的传播价值。粉本，亦是中国寺观壁画的传承与当代应用发展的桥梁和纽带。

第一节

粉本对中国壁画发展的教育价值

壁画是人类最早呈现的绘画形式,是传承古代文明的主要载体之一。粉本关联的是庞大深厚的中国传统绘画系统,粉本对于壁画创作和壁画传承起到了至关重要的作用。传统壁画的历史进程中,民间画工与文人士大夫画家犹如鸟之两翼相辅相成,宋元以后,民间画工异军突起,成为传统重彩壁画绘制的中坚力量。粉本又以其特有的教育方式,完成了划时代的文化传递作用。粉本的价值讨论让我们充满文化自信,也对中国寺观壁画的传承、对中国艺术文化的弘扬充满了使命感。

中国作为世界上存量最大的遗产大国,博大精深的传统文化和传统艺术是历代能工巧匠留给后世的文化瑰宝。在宫廷的倡导下整理和发掘这些人才的艺术才华,并通过官学、私学与家学的中国式教育体系得以承传。就绘画而言,根据张彦远《历代名画记》所述,东汉时期我国开始有官办的"鸿都门学"[1]。鸿都门学设绘画作为主要的学科,藏于秘阁的绘画常常拿出来给鸿都门学的学生临摹,这类粉本原本的特点是处于秘阁,通常秘不示人。但是,鸿都门学仍然不是专门的书

[1] 鸿都门学创立于东汉灵帝光和元年(178)二月,是汉代学习、研究文学艺术的高等专科学校。因校址设在洛阳鸿都门而得名,是中国最早的专科大学。

汉代学制结构

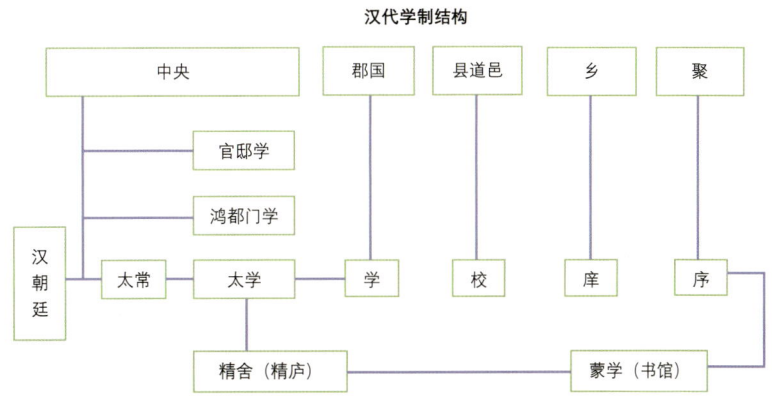

```
中央      郡国    县道邑    乡      聚
 │
 ├─ 官邸学
 │
 ├─ 鸿都门学
汉
朝 ─ 太常 ─ 太学 ─ 学 ── 校 ── 庠 ── 序
廷              │                    │
            精舍(精庐)          蒙学(书馆)
```

图表 3-1-1　汉代学制结构图

画学校。而书法则有了弘文馆这一专门的书法机制（图表3-1-1）。

经历了书画艺术鼎盛发展的魏晋南北朝，到了唐代有了宫廷绘画机构，由集贤殿书院、翰林院三部分组成。它们的职能是从事皇家书画藏品修复及保管整理工作，是集绘画、摹写与培训为一体的专门绘画机构。到了北宋国家得到统一，合并了西蜀、南唐的画院，成立了宋代翰林图画院，中国才有了真正意义上的国家专门画院以及附属的专门学校。

统治阶级出于各种目的兴办教育，培养各类专门人才。周代时创办了大司乐，认为音乐可以有助于治国，同时兼顾个人享乐。东汉灵帝创立的鸿都门学，旨在排斥门阀士族势力，可以从下层选拔为己所用的力量以固守江山。当然，这与汉灵帝自己精书好乐是分不开的。同样，到了唐代之所以开设左右教坊，缘于唐朝几代皇帝酷好音韵所致。而到了宋代，宋徽宗不仅完善了宋代翰林图画院，培养出很多技艺卓越的画家；同时，提高了画家的地位，使得中国绘画发展到了新的高度。基于上述原因，中国的艺术教育经历了启蒙、发展到完善的过程，同时兼具了官学、私学和家学的不同特点。

历代王朝根据自身发展的需求，由国家支持的官学广搜各类人才。除弘文馆这类的官学招收少数贵族子弟之外，其他各类学校招收可多达百人或千人不等。由国家支持的官学，其师资及其他资源条件比较优越，国家选定有成就的画家授课，硬件教具、器具齐全。更值得一提的是：最优质的艺术品收藏、艺术类书籍等资源为教学所用。在历史发展的过程中，逐渐走过了早期的书、器只能归官府所有的局面，慢慢从中古时代开始有了文化普及之势，到了翰林图画院这类国家收藏的历代名品，也只能为少数的翰林图画院的专职画家和学生选用。北宋初年建立起来的真正意义的翰林图画院，一直秉承了唐、五代以来鉴藏和摹写的传统，宋徽宗更是集国家之力搜集历代绘画珍品，并且编纂成多达千册的《宣和睿览集》，在自己把玩之余，还提供给翰林图画院的学生学习之用。张彦远的《历代名画记》里就有这样的记载：

"好事家宜置宣纸百幅，用法蜡之，以备摹写（顾恺之有摹拓妙法）。古时好拓画，十得七八，不失神采笔迹。亦有御府拓本，谓之官拓。国朝内库、翰林、集贤、秘阁，拓写不辍。承平之时，此道甚行，艰难之后，斯事渐废。故有非常好本拓得之者，所宜宝之。既可希其真踪，又得留为证验。"[1]

这使得更多优秀的粉本通过摹写而传播与发展。而且最值得一提的是北宋翰林图画院以画入仕，不分贵贱可以平等竞争，这是历代绘画学子学习晋升的最为合理的制度，为广纳贤士提供了优越的先决条件。

北宋时期王安石关注教育，创立"三舍法"后，宋代官学绘画类学校也沿袭了这一方法。翰林图画院招入的学制班次为"三舍三等"。"三舍"即外舍、内舍、上舍，初入学为外舍，外舍学完后升内舍，内舍学完后升上舍。另将学生的程度和资格分为三等，操行和学业俱优的为上等，一优一平者为中等，两者均平或一优一否的为下等。上等的授官，中等的免礼部试，下等的则免解试。宋代翰林图画院有着完备的入学考试，甚至有皇帝亲自出题，以"深山藏古寺""踏花归去马蹄香""竹锁桥边卖酒家"命题，以考察学生的全面素养。入学的学生除学习文学课程外，同时还要学习佛道、人物、山水、鸟兽等的画法。可以说，宋代的翰林图画院不但收录、摹写、创作了大量的绘画作品，把院体绘画推向了前所未有的高度，同时院内画师的文化

[1]（唐）张彦远：《历代名画记》卷2，第28页。

墨	木、十	油绿	由
花青	主	石青	玉、七
赭石	歺	朱标	票
红	工	朱砂	朱
黄	廿、八	银朱	艮
紫	子、九	三青	玉三
石绿	弓、六	二绿	弓、二
米色	一	粉红	四
淡青	二	藕褐	五
香色	三		

图表 3-1-2　中国画颜色在古代壁画绘制中的标记

瓦	染
火	淡染
通	由根向梢染
加	另外再加
满	全染全涂
花	花纹、花斑、花点
o	加粉

图表 3-1-3　古代壁画绘制标记在实际操作中的释义

素养也达到了历史高点，并对民间产生了深远的影响。

但这一文化盛景随着北宋王朝的湮灭而不复存在，虽在南宋仍然得以延续，但金、元帝国在绘画教育上一路下滑直至明清。两宋以后，金、元立国，没有了国家层面的翰林图画院，院体绘画遁入民间。可以说金、元一直消费的是宋代的文化遗产，但这种情况也每况愈下，民间画工身份地位低下，常常为生存而挣扎，教育日见稀缺，从事画壁行业的众多学徒，只能从师傅的口授"口诀"中接受启蒙教育、识别图像的差别，渐渐熟悉佛教规制。所以，解读摹写粉本成为民间画工的主要手段，同时取代了常规的教育方式，行使了教育功能。由于文化缺失的恶性循环，师傅识字不多的局限，使得书写尽量简化以便于识别和传达意图。所以元、明、清画行中流行"工＝红……"（图表 3-1-2、图表 3-1-3），除了识别方便之外，重要的原因是文化缺失，如果没有粉本的支撑与联系，中国传统壁画势必出现断崖式的文化断裂。

从敦煌莫高窟第 421 窟隋代画工在壁画（图 3-1-1）上留下的规范书体可见，隋唐以上的民间画工，文化水平还是保持在一定水准上。他们为宫廷官衙所用，需要有全面的文化素养。他们字体规范，书写流畅，字迹俊秀。而画工整体文化素养的下滑，是在北方少数民族政权金元统治之后。当不再有国家体制下的翰林图画院，两宋的画学也被彻底弃用，"上九流"和"下九流"的人格划分，

图 3-1-1　敦煌莫高窟第 421 窟字标图解

让中国的君臣父子和士农工商学军的社会体系崩溃倒塌。民间画工报国无门，而社会地位处在"下九流"，挣扎在生存的边缘，文化学养成了奢谈。

院体绘画这一体系渐次隐于民间，而两宋以后文化教育的下降使民间画师的文字表达能力只能靠目识心记或背诵口诀来完成教育过程，所以在画塑行中传授"秘诀"成为民间匠人绘画启蒙和教育的重要手段。但仅有口诀仍然不能解决具体的构图、造型和绘制，所以实物为上，能够看得见的粉本成为古代画工最为重要的可视媒介，也成为物传式教育的重要依据。

据张彦远《历代名画记》所载，东汉明帝时期便收录粉本于秘阁，用于鸿都门学的教学资源。两宋以后粉本成了最为重要的画谱，也成为民间画工重要的物传式教育的载体。它填补了官学教育的缺失，是私学的重要组成部分，弥补了言传身教的不足。两宋以来，民间画师的社会地位每况愈下，大多数工匠为生存而挣扎，没有机会学习文化掌握知识的条件与途径，能够接触的便是绘制程序中最重要的依据——粉本。粉本中的图像便于记忆，直观、易懂，易于模仿，成为民间画师成长过程中最为重要的受教方式。一代又一代的民间画师由此路径，从学徒成为熟练掌握绘画技艺的巨匠大家。

　　作为寺观壁画的粉本，还有一个重要的用途，就是作为原图为日后的修缮提供参照依据。这类粉本因技艺精湛而具有了独立的收藏价值，然而成为绘画过程中的重要参照才是根本。这些绘制过程中的重要粉本积累下来，成为画塑行培训弟子、传承技艺的范本与教材。画塑行拥有什么样的粉本是界定画塑行专业水准的标尺，所以粉本是民间画工及画塑行的画匠安身立命的法宝，好的粉本束之高阁秘不示人，有的画塑行家法十分苛刻，甚至是传男不传女。

　　从中可以看出，拥有好的粉本，对画塑行本身的生存与发展起到了至关重要的作用。以粉本闻名于世，除了可以被社会认可，还对画塑行接手工程、培养后继人才都起到极大的推动作用。当然，在画塑行里并非所有的学徒都有机会接触粉本并学到师傅的绘画技艺。在竞争激烈的民间画塑行里，教会徒弟饿死师傅的陋习使众多画塑行技艺失传，师傅都有所保留，因此行业水准每况愈下。这与这一行业从院体遁入民间、民间画工生存状况的恶化有极大的关系。所以，粉本在利益和私心的多种因素的影响下，存量少且水平参差不齐，以至于《八十七神仙卷》《朝元仙仗图》这类在宋元时期的寻常画稿到当下屈指可数。

　　无论条件如何，民间画工中也不乏高手名家。诸如高平开化寺的郭发与其弟子，繁峙岩山寺王逵的绘画班子，绘制山西永乐宫的洛阳画师马君祥、马七父子，尤其是名冠晋东南的朱好古及其门人，他们是民间画工中的大师巨匠，对传统壁画不仅有继承，还有各自创造性的作品影响世人和后学。也有大量的民间画工因文化缺失，接受的简单教育而影响了个人的创造，对粉本大多流于简单模仿，对绘画深层的内涵不知所云，师傅如此徒弟亦如此，养成了陈陈相因、不思创造的工匠习气。

民间画塑行的各种老旧的规矩代代相传，师傅对徒弟的成长充满矛盾心理，既保守谨慎传诀不传艺，又需要培养能够上墙绘制的画工能手。这种情况下学徒往往知其然却不知其所以然，偶有异能奇巧之人慧心精研，在绘制过程中脱颖而出，以自身的感悟和勤学好问成为高手，把师门的精粹悉数拿到，才可以说发扬光大了师门，同时也意味着可以自立门户了。

民间画塑行的画工行走江湖，为生计奔波，必须有特点与专长，但终归金主要求不尽相同，所以画塑行从掌门师傅直至学徒，除专攻一门，同时也要适应多种要求，因此分门别类的粉本给了学徒更广泛的学习摹写空间。各学徒之间的通力协作造就了合作团队精神。民间画塑行所从事的工程，从两宋开始是中国最早的公司运营模式的开启。到了明代商业模式成熟后，团队合作意识更强、更系统，各个画塑行因地域不同，在管理及相关绘制流程上有诸多不同，对粉本及图像的解读感悟不同也在风格及样式上有了很大差异。北魏时期便有记载，占绘画主流的中原工匠通过粉本对传统图像的解读，留下了灿烂的文化遗产，其中包括青州工匠、凉州工匠的智慧。两宋辽金的山西高平开化寺表现出宋代的高超画技，繁峙岩山寺是中原画风的延伸，而山西朔州的崇福寺、大同华严寺的薄伽教藏殿则明显的是中原样式融入了少数民族的审美特征，洛阳马君祥、马七父子团队以及对晋东南影响巨大的朱好古及其门人的创造照亮了中国传统文化日渐黯淡的元代的天空，传统图像因粉本而光大，粉本又以其特有的教育方式，完成了划时代的文化传递。

第二节

粉本对传统文化与图像传承的价值

　　粉本在中国传统壁画发展的过程中，对中国式的图像的传承、传播、完善起到了不可替代的作用。从曹不兴、顾恺之、陆探微、张僧繇、展子虔、郑法士到吴道子、李公麟、武宗元、朱好古等，这一串璀璨的名字，支撑着中国绘画史，也应该照亮世界绘画的天空；他们是大师巨匠，各自以自身的创造影响了中国绘画的发展进程。"曹衣出水"的"曹家样"，影响巨大，跨越时空，口头传诵千年，在现存的北魏前后的壁画中，我们仍然可以找到他无处不在的影响。顾恺之不仅善画，还把耽于描绘的画手们想做而未做的事情做得无与伦比，《画云台山记》《魏晋胜流画赞》记录梳理了画理、画法及品评标准，完成了从技术到理论的文化升级。陆、张、展、郑各具妙法，影响后世。

　　在唐代疆域辽阔的大地上，吴道子横空出世，留下了千古绝唱。吴道子不仅以作品传世，还授业解惑，培养了大批的绘画人才，亲传弟子众多。据《图绘宝鉴》和《历代名画记》著录，卢楞伽、李生、韩虬"以丹青自污，学吴道玄，尤长于道释"。吴道子的兰叶描（图3-2-1）是在前朝高古游丝描、琴弦描、行云流水描的基础上，通过对线的细微体验进行变化，把物象的起、承、转、合归纳起来，形成了异于前人的兰叶描，把凹凸面、阴阳面归纳成为不可再减的"线"，这是厚积薄发创造性的线条，"吴带当风"影响至今。"不以装背为妙，只以墨踪为之"，以李公麟为代表的宋代白画也是从吴道子画风中感悟出来，形成了中国画面貌的全新体例——白描，独立于世界艺术之林。中国历代画评总是扬古抑今，但从唐代张彦远始，对吴道子的评价是惊人的一致。

　　纵观吴道子生平经历，他创造了"吴家样"，形成了中国绘画

图 3-2-1 《白衣观音》 吴道子 水墨 日本东福寺藏

图 3-2-2 《释迦三尊图》 吴道子 水墨 日本东福寺藏

以下所摘是自唐代至清代对吴道子的各类评说

朝代	评论家	著作	评述内容
唐代	朱景玄	《唐朝名画录·序》	近代画者,但工一物以擅其名,斯即幸矣,惟吴道子天纵其能,独步当世,可齐踪于陆(探微)、顾(恺之)。
唐代	张彦远	《历代名画记》	自顾、陆以降,画迹鲜存,难悉详之。唯观吴道玄之迹,可谓六法俱全,万象必尽,神人假手,穷极造化也。所以气韵雄壮,几不容于缣素,笔迹磊落,遂恣意于墙壁;其细画又甚稠密,此神异也……因写蜀道山水,始创山水之体,自为一家,其书迹似薛少保。
唐代	张彦远	《历代名画记》	国朝吴道玄古今独步,前不见顾、陆,后无来者。授笔法于张旭,此又知书画用笔同矣。张既号书颠,吴宜为画圣。神假天造,英灵不穷。众皆密于盼际,我则离披其点画;众皆谨于像似,我则脱落其凡俗。弯弧挺刃,植柱构梁,不假界笔直尺。虬须云鬓,数尺飞动,毛根出肉,力健有余。当有口诀,人莫得知。数仞之画,或自臂起,或从足先。巨状诡怪,肤脉联结,过于僧繇矣。
五代	荆浩	《笔法记》	吴道子笔胜于象,骨气自高,树不言图,亦恨无墨。
宋代	郭若虚	《图画见闻志叙论》	曹、吴二体,学者所宗。按唐张彦远《历代名画记》称,北齐曹仲达者,本曹国人,最推工画梵像,是为曹,谓唐吴道子曰吴。吴之笔,其势圆转而衣服飘举。曹之笔,其体稠叠而衣服紧窄。故后辈称之曰:"吴带当风,曹衣出水。"
宋代	苏轼	《书吴道子画后》	道子画人物,如以灯取影,逆来顺往,旁见侧出,横斜平直,各相乘除,得自然之数,不差毫末。出新意于法度之中,寄妙理于豪放之外,所谓游刃余地,运斤成风,盖古今一人而已。
宋代	赵希鹄	《洞天清禄集·古画辨》	画忌如印,吴道子作衣纹或挥霍如莼菜条,正避此耳。由是知李伯时、孙太古专作游丝,犹未尽善。李尚时有逸笔,太古则去吴天渊矣。
元代	汤垕	《画鉴》	吴道子笔法超妙,为百代画圣。早年行笔差细,中年行笔磊落挥霍,如莼菜条。人物有八面,生意活动,方圆平正,高下曲直,折算停分,莫不如意。其赋彩于焦墨痕中,略施微染,自然超出缣素,世谓之吴装。
明代	李日华	《紫桃轩又缀》	每见梁楷诸人写佛道诸像,细入毫发,而树石点缀则极洒落,若略不住思者;正与像既恭谨,不能不借此助雄逸之气耳。至吴道子以描笔画首面肘腕,而衣纹战掣奇纵,亦此意也。
明代	周履靖	《天形道貌画人物论》	吴之人物,似灯取影,逆来顺往,意见迭出,横斜平直,各相乘除,得自然之数不差毫末,出新意于法度之中,寄妙理于豪放之外,所谓游刃余地,运斤成风,盖古今而来,一人而已。
明代	何良俊	《四友斋画论》	夫画家各有传派,不相混淆,如人物衣纹流通其白描有二种:赵松雪出于李龙眠,李龙眠出于顾恺之,此所谓铁线描。马和之马远则出于吴道子,此所谓兰叶描也。
清代	方薰	《山静居画论》	衣褶纹如吴生之兰叶纹,卫洽之颤笔纹,周昉之铁线纹,李公麟之游丝纹,各极其致。

图像的范本,体察万物独创的兰叶描(图3-2-2),对中国绘画的表达方式进行改革,最大的成就在于他的壁画创作。画史记载,他于长安、洛阳两京及外省寺观中亲自参与绘制的壁画有300余铺,所绘制的图像为后世追摹,以《地狱变相图》《道子墨宝》《宝积宾伽罗佛像》摹本传承于世。《送子天王图》《八十七神仙卷》等也是直接或间接地得之于道子画风,他的图像模式以粉本的形式最大限度地传播,被誉为"画圣"的确是实至名归。

盛唐气象带来的不仅是国家强大、土地辽阔、商贸兴隆,最为重要的是中国文化的发展与传播影响了世界,带动了周边国家和地

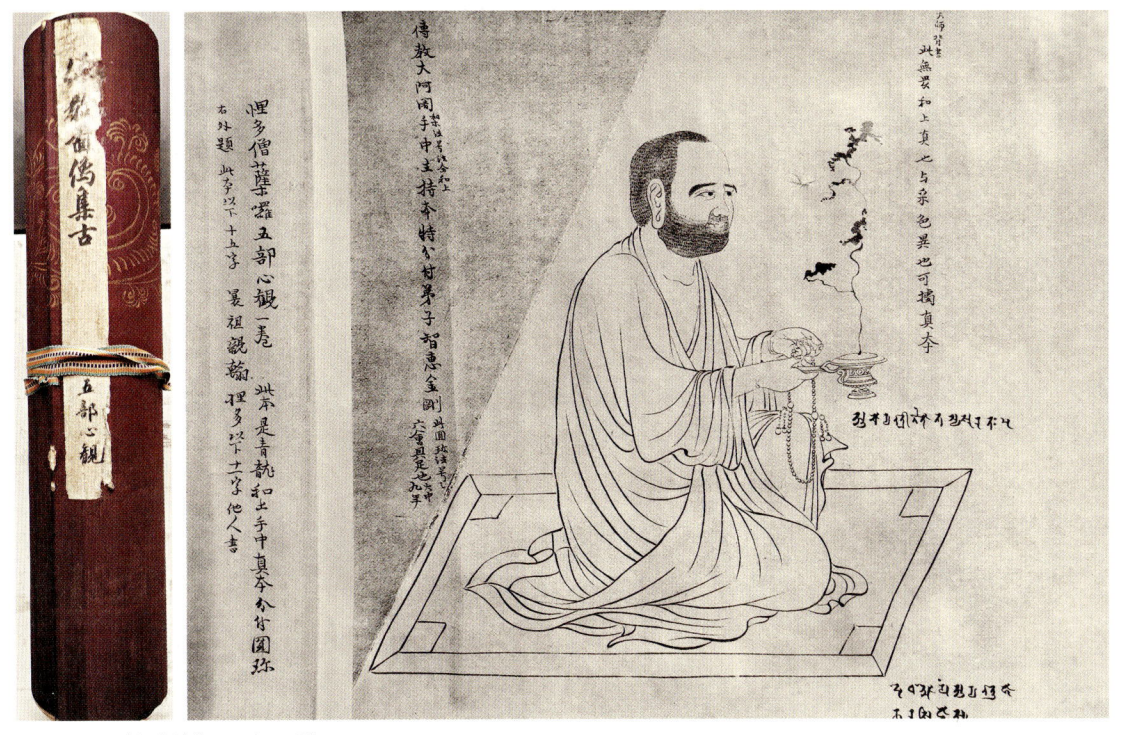

图 3-2-3 《悝多僧蘖啰五部心观》

[1] 唐玄宗开元年间,三位印度僧人善无畏、不空和金刚智来到中国传教,并创立了中国佛教密宗,佛教史上称这三位僧人为"开元三大士"。

区的文化交流。各国派出不同层次的遣唐使,尤其是日本,阵容强大,密集度高,非寻常国家可比拟。他们来的目的不外乎传播日本的自身文化,希望加强中日之间的友好,学习中国先进的文化,在文化诉求中求取佛教教义,所以对中国佛道绘画采取拿来主义。佛经及经变画与绘制的重要图像参照粉本,成为竞相获取的珍贵资料。

《悝多僧蘖啰五部心观》（图3-2-3）原为台密金刚界五部诸尊观法述说之图卷,为开元三大士[1]之善无畏三藏所传,现该传承已经中断。智证大师圆珍于吴道子谢世100年后的唐大中七年至十二年（853—858）入唐求法时,在长安得自法全所授而请回。该卷为善无畏三藏原绘卷转写本,应为8世纪后半期转写而成。日本滋贺县园城寺（三井寺）圆满院所藏前欠本（唐本）、完全本（日本摹本）两卷及日本不同时期摹本存世颇多,该版本的金刚界曼荼罗,对于探究密宗有唐一代在汉地的初传、形成、发展有着极重要的学术价值,对于研究唐代密宗流传下来的诸种金刚界曼荼罗有着互补的作用。

《悝多僧蘖啰五部心观》图卷涵盖了密宗教理、法脉传承、图像学、语言学、民俗学、文献学、艺术风格学、植物学以及跨地区、跨宗教比对等诸多领域,信息量之丰富,已经远远超越其卷轴本身,

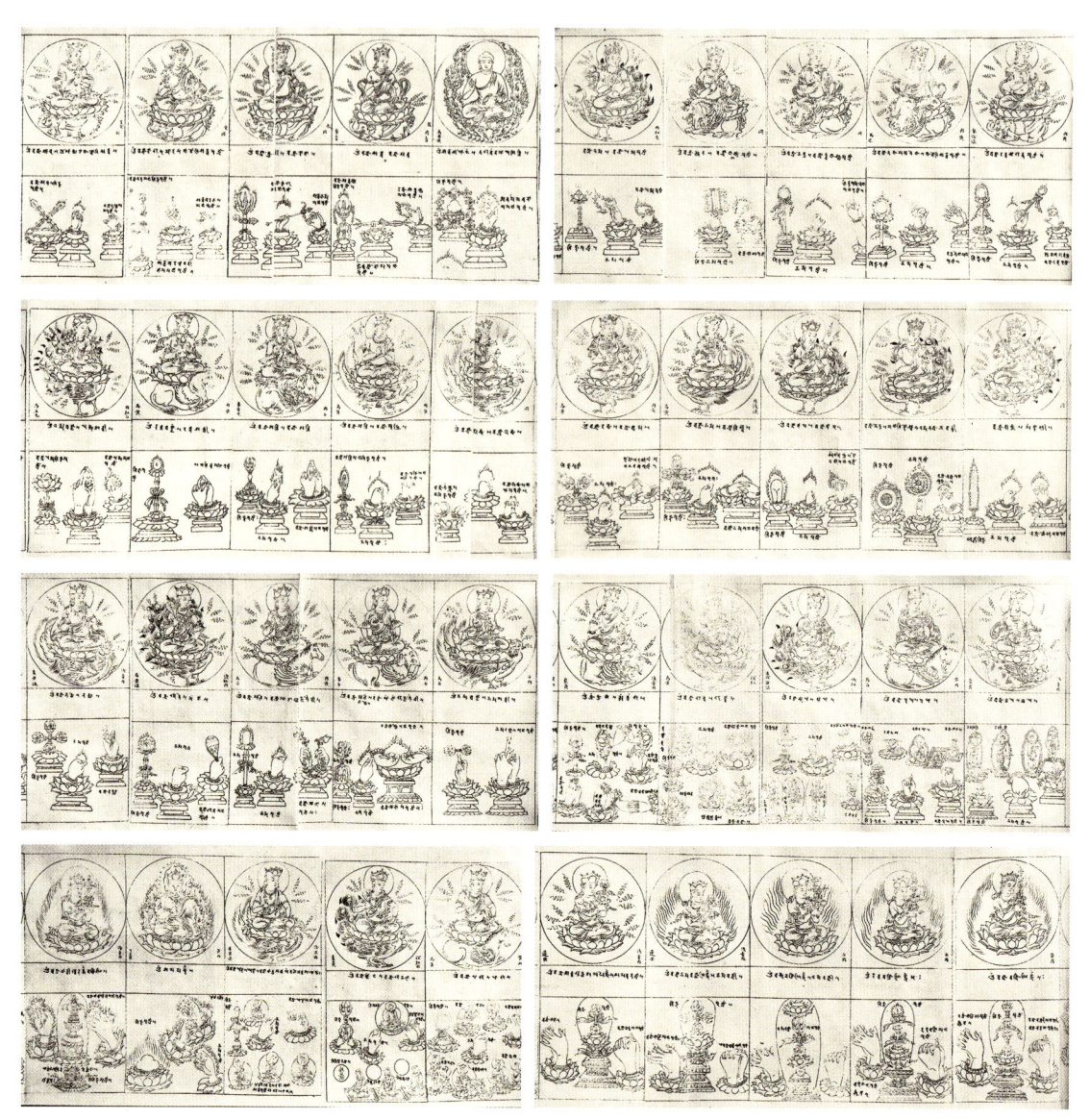

图 3-2-4 《悭多僧蘖啰五部心观》 金刚界曼荼罗版局部纸本 30cm×1808.9cm 智证大师摹写 公元 858—891 年 日本三井寺圆满院藏

从而显得弥足珍贵。

《悝多僧孽啰五部心观》完全本（图3-2-4），纸本水墨，全卷纵30厘米，全长1808.9厘米，日本国宝，始金刚界大曼荼罗图及观置门第一，讫于卷末汉文题记。现为日本滋贺园城寺（三井寺）圆满院所藏。该卷为智证大师圆珍归国后根据请来的唐本之日摹写本，应为日本天安二年至宽平三年（858—891）摹写而成。

这是粉本传播的重要实证，至南宋鉴真大师东渡所带的经卷、绘本，更重要的是集中国文化之大成的宋代的审美观念和理想，在日本得到了传承、传播，然后转化为日本民族特有的大和文化。

我们对日本文化总有似曾相识之感，浅表的理解会以为日本文化是直接传承了中国文化，民族自豪感也油然而生。其实在我们文化传播的过程中，日本对中国文化的学习与借鉴是有选择的，更多的是承袭了宋代的雅文化并融入自身文化，是高冷、清雅甚至是以残缺之美为上，是已经找不到故乡的文化遗孤。中国本土自少数民族入主中原，追求的浓郁热烈的民俗文化与日本几乎绝缘（图3-2-5）。

举个例子，周文矩的画属院体风格，因时代的整体的审美取向，画得娟秀隽永。他的作品被内府、翰林图画院收藏甚多，我们能看到的是宋代仿周文矩的摹本（图3-2-6）样式传入日本（图3-2-7），此摹本认真标注了原画的颜色及位置，虽未能将原作骨法用笔的精神尽现，但一定程度上将中国绢本绘画的逸气、书卷气按自己的理解体现了出来。日本的这张周文矩白描摹本上有"需着色渲染"的标识，这是规范的摹写流程，壁画绘制前的粉本小稿也常有此类标识，这是成熟的绘制团队无需彩稿但又能共同认知的参照图例。中

图3-2-5　金胎两界曼荼罗图像　日本王莅保年（1853）依据东寺大护寺善通寺的粉末绘制的（笔者收藏）

国经历了北魏太武帝、北周武帝、后周世宗和唐武宗,世称"三武一宗"的灭佛事件,历经几朝的灭佛运动使佛教在中国几乎遭遇灭顶之灾。加之近代的"破四旧"及"文革",宗教绘画的绘本、粉本十毁八九。而日本没有此类历史变故,所以佛教造像、画稿、粉本、经卷传承下来,系统而有序,为我们今天的研究提供了参照。

吴道子之后又300年的北宋年间(约980—1050),武宗元出世,初宗道,遂改名为宗元,字总之,中原白波(今河南孟津)人。出身世家,为北宋翰林图画院专职画家,授虞部员外郎。其一生作画无数,尤精于道释人物。郭若虚著录的《图画见闻志》卷三记载,武宗元常对壁画进行摹写,于河南洛阳广爱寺见吴道子壁画喜爱不已,尤其是文殊与普贤的大像,将其缩摹绘制成小幅,"其骨法停分,神观气格,与夫天衣璎珞,乘跨部从,较之大像,不差毫厘"。宋代坊间传称"武宗元,宋之吴生也"。武宗元除对先贤圣手锐意摹写,在学习中也彰显自己的感受。从吴道子"大像""蹙成二小帧",也暗合从北宋时期审美情趣有了很大改变,壁画从国家行为渐次有民间介入,绘画开始作为独立艺术品被私人收藏,成为院体绘画与书写性的文人画家的分水岭,所以道释人物画大、小幅画转捩成为一种社会风尚。故,武宗元之后另一位划时代的大家李公麟,自视为文人画家,虽精于人物以白描传世,却不涉足壁画绘制。

《朝元仙仗图》是武宗元的传世画卷,武宗元与张昉曾主持北宋京城的"玉清召应宫"壁画绘制,参与招募画家多达3000人,放在当下也是空前的文化盛会,但可惜为战争所毁。故宗元所绘仅存一幅,《朝元仙仗图》的宗教内容为道教中帝君及部从朝谒最高神的队形,据传是于洛阳老子道观摹写吴道子所绘《朝元图》,是

图 3-2-6 《宫中图》（局部） 纵 28.3 厘米（仿周文矩） 宋 佚名 此段藏于美国克利夫兰艺术博物馆

图 3-2-7 《宫中图卷》（局部） 纵 28.3 厘米（仿周文矩） 日本摹本 藏于大都会艺术博物馆

依据吴道子壁画所作的稿本小样。一如传统绘画阵列式构图样式，人物自左向右排列，以东华、南极二帝君居中，神将前后开路护卫，金童、玉女、仙伯等不同类型也位于行列之中，有的手中拿着仪仗法物，多数人物上方都加有榜题，体现了壁画的特色。帝君形象威严持重，深具风范；女仙相貌端丽，略失于相像，男仙则各具特色；神将则具唐人风格，呈虬须威猛之相。整幅画面气势宏大，武将威猛，玉女窈窕，顾盼生辉，形象各异，是难得的宋代白描粉本。

在武宗去世的前一年，北宋时期的另一个绘画巨匠李公麟诞生了。李公麟（1049—1106），字伯时，号龙眠居士。舒州（今桐城）人，出身名门望族，家学渊博，收藏甚丰。他画得一手院体绘画，

110

与苏东坡、黄庭坚、米芾为至交,并结识王安石,为驸马王诜座上宾。李公麟人物、释道、鞍马、走兽、花鸟无所不精。

李公麟把自吴道子时的白描绘画形式进一步发展,白描之法经北宋由他完成了至善至美。访古探今,精于金石古器及古文鉴赏,全面的综合修养,大量的对家藏原作的摹写,让天赋异禀的李公麟站在了前人肩上,在北宋大文化环境中步入绘画巅峰,吸纳北宋的风云,吞古融今,从而创造出另一种文化气象。

北宋时期的《宣和画谱》第七卷在评论他的作品时赞曰:"(龙眠)尤工人物,能分别状貌,使人望而知其为廊庙、馆阁、山林、草野、闾阎、臧获、台舆、皂隶。至于动作态度、颦伸俯仰、小大

图 3-2-8　李公麟　《维摩居士像》　东京国立博物馆　　图 3-2-9　敦煌第 220 窟维摩诘

美恶,与夫东西南北之人,才分点画、尊卑贵贱,咸有区别,非若世俗画工混为一律。贵贱妍丑止以肥红瘦黑分之。大抵公麟以立意为先,布置缘饰为次,其成染精致,俗工或可学焉,至率略简易处,则终不近也。"

元夏文彦《图绘宝鉴》评说:"鞍马愈韩干,佛像追吴道玄,山水似李思训,人物似韩滉,潇洒如王维,当为宋画中第一,照映前古者也。"

邓椿在他的《画继》中评述说:"吴道玄画,今古一人而已,以予观之,伯时既出,道玄讵容独步。"

受北宋世风影响,李公麟也"学佛悟道,深得微旨",诸多文人士大夫参禅悟道,或诗或画,或精研禅理,故李公麟绘制了为数不少的宗教绘画,成为传承的画样粉本。"尝作《长带观音》,其绅甚长,过一身有半。又为吕吉甫作《石上卧观音》,盖前此所未见者。又画《自在观音》,跏趺合爪,而具自在之相,曰:'世以破坐为自在,自在在心,不在相也。'"这些均记录了李公麟在宗

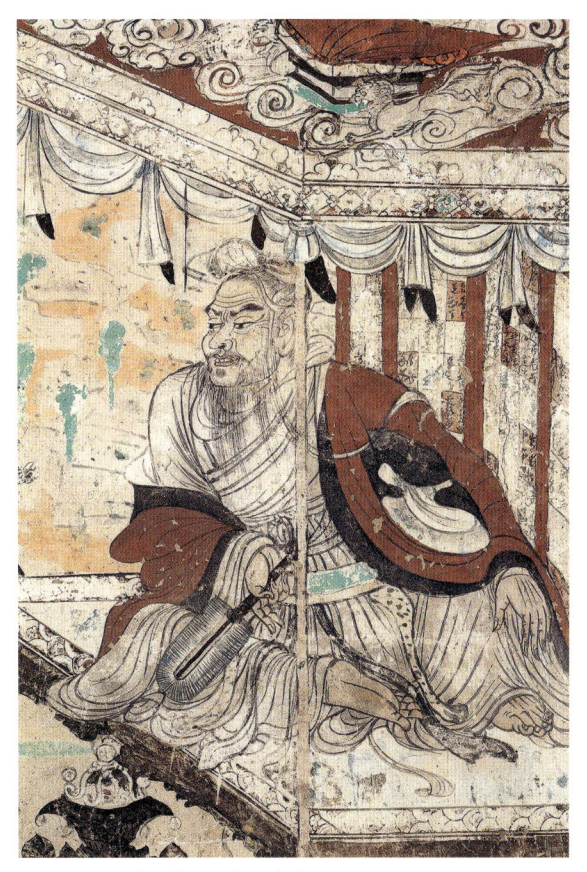

图 3-2-10　敦煌第 103 窟维摩诘

教绘画上的创作历程。可惜他创作的佛陀观音均已失传，幸运的是尚有《维摩诘像》《维摩演教图》《维摩天女图》得以传世。在中国宗教绘画中，维摩诘的形象一再出现，形象特征以及艺术处理方式不断演变。"清羸示病之容，隐几忘言之状"为南北朝时期的流行风格，"须眉奋张，目光如炬，激扬慷慨"则是唐代的状貌，温文尔雅、从容淡定的斯文自在的雅士形象，则是李公麟独创，有别于前人的佛性造像。

李公麟虽然不是专职画师，也从未在北宋翰林图画院供职，但宋徽宗慧眼相识，他在位时内府收藏有李公麟作品 107 幅，而散落宫外为个体收藏应有数倍之多。宋徽宗赵佶挚爱绘画，在他的倡导下，将绘画一事由将笔下江湖转为可以入仕的国家行为。而这个形象作为粉本传遍大江南北，在绢本绘画及寺观壁画中成为维摩诘的标准规范图像，在敦煌第 220 窟（图 3-2-9）、第 103 窟（图 3-2-10）中，我们仍能感受到伯时的风采。

单纯的白描、不施粉黛是中国绘画最具特色的形式，粉本借助这一形式存在，以线造型，单线勾勒描绘眼前的世界万物。把物象的质感、量感、空间感以单线进行描绘，是世界上最为简洁直接的表达方式，代表了中国人对世界的观照方式。李公麟以自己卓越的艺术实践，以他的传世之作《五马图》《维摩诘图》站在了中国绘画艺术的制高点上。虽然他以文人画家自居，疏于大型壁画创作，但他远接吴道子画风，近观武宗元所创造的形象、范式，成为后世画行画工重要的依据，是两宋以来不可或缺的重要粉本。

第三节

粉本对中国造型语言、审美情趣的传播价值

研究粉本的形成、发展、传播和审美价值，离不开正统的中国传统寺观重彩壁画。寺观壁画存量最大的是山西，有 25000 平方米之多。而山西的寺观壁画有晋北地区壁画群、晋中地区壁画群和晋南地区壁画群，从唐、五代、宋、金、元、明、清直至民国与当代，贯穿古今。从壁画本身进行分析，可谓是半部壁画史，在壁画存量上、绘制技术上、学术影响上可谓典范。河北省是仅次于山西省的寺观壁画遗存大省，传为吴道子所画的"曲阳鬼"，据考证为明代绘制于曲阳北岳庙德宁殿内壁画《飞天神》（图 3-3-1），民间传为"曲阳鬼"，《曲阳县志》中称之为"飞天神"。这一标志性形象从造像、风格、气度、服装上可以断定源自吴道子粉本。画像位于大殿内西墙的最上端，形象威猛、气势逼人，双目如炬、筋骨暴凸、龙行虎步、持枪横戈、降云驾雾、俯瞰人间。寺内还有依像俯图所作石刻（图 3-3-2）。曲阳石雕历史悠久，把刻石之工融入壁画，用笔勾勒，与晋南地区朱好古及其门人的绘制有异曲同工之妙。从中可以看到

图 3-3-1 曲阳北岳庙《飞天神》壁画

图 3-3-2 依像俯图所作石刻

图 3-3-3　故宫博物院藏兴化寺《七佛说法图》

作为壁画重要环节之一的粉本，它的审美价值与传播方面无处不在。

山西寺观壁画内容广泛，佛教、道教及儒学在这里交汇融合，伴随着数量众多的水陆画，传达了从唐以来的中国人的宗教民间信仰。山水、花鸟、人物、建筑的表现手段多样，是中国美术史的重要板块，是中国传统绘画的宝贵遗产。在前面章节中分别就晋中及晋北地区的寺观壁画进行了论述，本章节就晋南元代壁画群展开。两宋以后，院体绘画缺少了国家体制的支撑，渐次隐于民间，社会地位每况愈下，以至于不再写入绘画史，在壁画完成后不留姓名，因而现在我们只见作品不见人了。晋南画师的领袖朱好古及门人，即是拨开封存已久的历史尘埃，才重新认识到的民间绘画巨匠。

朱好古在晋南寺观壁画群里隐约的题记中，不止一次由门人完成作品后写上"禽昌朱好古门人工毕谨至"。中国人得识朱好古，竟还是从研究中国文化的西方学者怀履光1940年出版的著作中看到。20世纪50年代永乐宫因修水库搬迁过程中，在纯阳殿发现了题记，由朱好古门人书写，这位民间巨匠的绘画作品及活动范围才渐次清晰。稷山兴化寺也发现壁画有"朱好古"题记，一般在学术归类上把有吴道子遗风的壁画统称为"道子画派"，而晋南庞大的壁画群也因此被简单地归类。朱好古及其门人独具个性的壁画绘制博采众长，在吴道子、武宗元、李公麟的中原画风的基础上，把元代壁画推向了一个新的高峰。

朱好古，山西襄陵人，称"禽昌"，划时代的民间巨匠竟因画工地位在等级森严的元代未入元史，仅入地方志与县志。他虽隐没在民间，但他与门人及绘画班子崇文尚义，画追唐宋。他一生作画

无数,有稷山青龙寺、兴化寺与芮城永乐宫纯阳殿壁画存世。朱好古及其门人奔走晋南大地,从发现的几处壁画相关题记中可知,兴化寺壁画绘制时朱好古当是壮年,门下有张遵礼、李弘宜、王椿,虽都画功了得,并且开门授徒,但以"朱好古门人"为傲。

朱好古所处的元朝,社会动荡,骁骑善射的蒙古人以武力征服天下,不屑汉民族的文化与艺术,粗暴施政,人分三六九等,画匠竟居末流。唐宋丰厚的文化遗产隐入民间,滋养了失去国家机制庇护的民间画工们,让他们在文化传播与传承上衔古吞今,难能可贵的还加以光大。朱好古与门人所绘制的稷山青龙寺壁画、现存于北京故宫博物院的兴化寺的《七佛说法图》(图3-3-3)和存于多伦多博物馆的《弥勒说法图》等,是中国传统壁画的巅峰之作。

襄陵自古多才俊,在理应文化断流的元代,与朱好古同时享有画名者还有张茂卿、杨云瑞,与朱好古被誉为"襄陵三画"。朱好古及其门人的壁画绘制,其粉本当然无外乎来自正宗的吴道子一脉,造型大气,构图饱满,线如曲铁,间接的武宗元、李公麟的踪迹也可从现存的壁画中寻觅。在对唐宋绘画的传承上,朱好古及其门人没有把吴道子、武宗元、李公麟的绘画风格与样式,通过流传与持有的粉本简单地转印与复制,而是融入了作为匠人特有的审美情趣,在唐宋的娟秀追求士气、书卷气的基础上,把古朴大方的庙堂之气带进了传统重彩壁画中。元代画工已不及宋代画工所受教育程度,对笔墨纸砚已远不及唐宋熟悉。为解决勾线持笔之难,他们自创了以劲健的猪鬃用猪血凝结,削出尖头状如铅笔,铁画银钩画出了力大沉雄,迥异于唐宋意趣用笔之道,一味霸气地追求在过去被贬为匠气的匠心，形成了元代绘画在单纯的文人画之外的大匠风范。这一独特的审美观念的形成，当然也非一日之功一蹴而就。

一方水土养一方人，朱好古及门人出生与活动之地的山西临汾，历史上曾以平阳木版年画盛传于世，可称为木版年画的"始祖"。平阳版画宋金始创，元代流行，鼎盛于明清，故谓之"版画之头，平阳启之"。《四美图·隋朝窈窕呈倾国之芳容》(图3-3-4)和《义勇武安王位》被郑振铎先生誉为"世界版画精髓"，即为山西平阳最早的木版年画传世的代表作。平阳从北宋开始成为中国北方雕版印刷的中心，金元时期这里的平水版印刷十分有名，金刻本刘知远诸宫调即在平阳刻制印刷的，山西洪洞广胜寺内所藏经卷，均为此地雕印。

山西晋南地区，盛产大枣，有充足的枣木，枣木细密，便于镂刻雕琢。还出产麻纸，宜于印画，为版画的发展提供了重要的物质准备。平阳版画的盛行，其影响辐射各地，雕版印刷促进了粉本的传播与发展。

粉本在形成与发展的过程中，因为早期是极受限制且不能广泛传播的单一的手绘本，高水平的绘本传阅与传播十分困难，很多的手稿、粉本都收藏在翰林图画院，秘不示人。至唐代，因雕版印刷技术的应用与发展，传播功能得到了加持。到了北宋毕昇发明了活字印刷术后，雕版印刷虽与活字印刷不尽相同，但却刺激了这一行业的迅猛发展。雕版印刷技术的发展从过去的艰难摹写所得仅此一帧，变成多次印刷而得以广泛流传，中原样式长则数月短则倏忽之间可至边陲。敦煌藏经洞发现之后，被掠去。现存于英国图书馆的经书插图，是中原样式雕版印刷辐射传播的实证。

图 3-3-4　版画《四美图·隋朝窈窕呈倾国之芳容》

图 3-3-5 《大方广佛华严经》 （唐）实叉难陀译 刻本 《大藏经》本扉页 山西赵城 金皇统九年（1149） 广胜寺 赵城金藏

    雕版的刀法影响了壁画的用笔变化，这是相互适应并转换的结果。当初应该是为了适应刻版，用笔起笔亦方，而后为追隔代的原作精神而以刀法行笔，互为作用，使壁画用笔更加硬朗挺括。与吴道子、武宗元、李公麟作品比较，晋南元代壁画群共同的特点是用笔有雕版的刀工意趣，对勾填这种传统的绘制工艺是一种促进和提高。挺括、简约的勾线与填色互不相碍，既符合传统绘画的要求，又让画面的边缘轮廓剪影效果明显，壁画的视觉冲击力更强。朱好古及其门人的传世经典作品永乐宫壁画、稷山青龙寺壁画、兴化寺壁画、广胜寺壁画是个中代表。广胜寺保存有一部刻于金代的《大方广佛华严经》扉页（图 3-3-5），便可见北派刻风的刀法有似曾相识的亲切感。

    在绘画运笔上直追刻工刀法，使中国传统壁画的骨法用笔在圆润之中融入了刚性之美，是中国传统壁画审美意趣上一个巨大的拓展。民间画工惯有的匠气经朱好古及其门人完成了审美意趣的转身，演变为庙堂气息的大匠风范。深受其审美意趣影响的改良版的粉本经雕版印刷远播各地，影响了中国传统壁画的审美价值观。千古一匠的朱好古与其门人所绘制的壁画，从吴道子画派中脱胎而出，形成新的样式。综观其主绘的作品，在满壁风动中仿佛有金属之声不绝于耳。

小结

　　粉本承载了大到基础教育、审美培养、图像传播、佛道规制、文化传承，小到形象识别、材料认知、图形转印、勾勒填色等从理论到技法，宏观把握与微观刻画的系统工程。从宫廷官衙的院体待诏到游走江湖的民间画工，都在粉本上沥血吮笔、凝结心智，铸就了鬼斧神工的寺观壮景，为中国绘画史壁画卷留下了旷心畅神的铺面。有盛唐气象的佛光寺壁画、隽永娟秀的宋代开化寺壁画、浓墨重彩的元代青龙寺和兴化寺壁画、皇家画师打造的法海寺壁画，无不以粉本为宗，更有不施粉黛，徒手勾描笔底波澜的吴道子、武宗元、李公麟、朱好古等大师巨匠们的白描、粉本惊世千年，传播万里。粉本的价值的讨论让我们充满文化自信，也对中国寺观壁画的传承、对中国艺术文化的弘扬充满了使命感，与时俱进是我们的责任任重道远。

第四章

现代壁画中粉本的应用

  对粉本的研究，系统地梳理、归纳、辨识，掌握传承数千年的造像法则及绘制流程，在科技发达、图像处理便捷的现代社会，把九宫格等比例置入电脑，可以随图延展，方便操作，把移山倒海、挪神请佛的传统制作工序简化；可以让我们在精研中掌握规律，去伪存真、弃其糟粕、留取精华，在多元的当下世界文化中，建立自身的文化自信。中国传统重彩壁画与不可分割的粉本艺术，让中国文化清风化雨般地润泽世界，并融入世界文化主流。

第一节
传承与重现——以北京雍和宫法轮殿壁画重绘为例

中国近代在壁画实践中有一幅壁画见证了粉本在壁画绘制中的重要作用，那就是1953年由王定理先生带领学生绘制的北京雍和宫法轮殿壁画《释迦牟尼源流图》，也称为《释迦牟尼本生故事画》（图4-1-1）。

雍和宫作为宗教名刹为社会广泛熟知，它位于北京市二环内东北角，康熙二十三年（1684）建府赐予四子雍亲王，成为雍亲王府。雍正三年（1725）改为行宫，谓之雍和宫，乾隆皇帝又诞生于此，雍和宫因两位皇帝而成为"龙潜福地"。1744年改为喇嘛庙，在清代后期雍和宫应是中国规格最高的佛教寺院。贵为皇家寺院的雍和

图4-1-1　雍和宫壁画（局部）　590cm×1086cm

图 4-1-2 瞿昙寺壁画

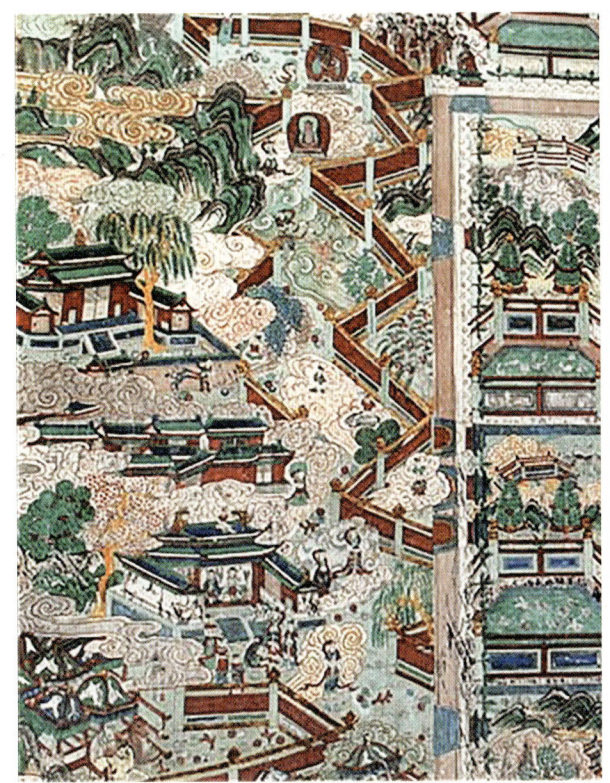

图 4-1-3 雍和宫壁画（局部）

宫描梁画栋，金砖黄瓦，满壁彩装，为从事宗教题材绘制的画师画匠提供了最高级别的竞技之地。

王定理先生自幼随父王子明先生习画，王先生的家就在雍和宫佛仓的东墙外，父辈起经营与佛教文化相关的唐卡、雕刻、佛像等诸多物品。王家有自己的经营字号"聚兴厚"，涉及唐卡、佛像绘制以及佛像涂金、上色等。在竞争激烈的同类字号中，王家凭手艺精湛和待人诚恳，渐次成为这一行业的佼佼者。"聚兴厚"在经营过程中有了很多固定的客户，除来雍和宫参拜的全国各地的信众，雍和宫的专职宗教人员也特别认可王氏父子手艺，"聚兴厚"开始接受雍和宫的专门定制。1946年，21岁的王定理与父亲王子明先生接受雍和宫法轮殿的壁画绘制，关闭了经营多年的"聚兴厚"，自此之后成为雍和宫画像类法事用品的专门制作者。自接受雍和宫绘制法轮殿壁画的委托后，他们开始为法轮殿壁画创作搜集相关素材。据王定理先生的儿子王书杰老师的口述，因为雍和宫是皇家寺院，信奉藏传佛教，画风与形式不可避免地受到如青海的塔尔寺、瞿昙寺的影响。王定理先生早年曾去青海考察学习，绘画风格上与瞿昙寺似有相承之处（图4-1-2、图4-1-3）。

图 4-1-4　瞿昙寺唐卡

    宗教绘画中对于佛、菩萨的法相、服饰等有着严格的规定，均要遵循《造像量度经》仪轨以及前人的优秀粉本的规制，粉本的沿用确保了中国宗教绘画在理法上的传承。雍和宫虽在北京，但它是喇嘛寺院，整体的绘画风格属密宗体系。王先生自19岁起数次随父亲到达四川、西藏、青海等地从事壁画、唐卡的考察绘制（图4-1-4），接受委托后赴大同华严寺及河北等地采集图像。王定理先生主持创作雍和宫法轮殿壁画过程中搜集和绘制了大量的画稿、样本。在王定理先生遗存的绘制壁画粉本中，有一些是根据大同华严寺大殿内被经橱遮蔽而得以保存的明代壁画的摹本制作而成的。

    1947年开始绘制的北京雍和宫法轮殿壁画《释迦牟尼源流图》，描绘了34段佛传故事。故事叙述了佛陀出生、修行、转世，经历了无数次的行善立德，遭受了各种磨难，终于修行成佛的本生故

图 4-1-5 雍和宫壁画现场照片

图 4-1-6 雍和宫壁画（局部）

事。其中有普度众生、忍辱负重、苦修自身的国王和太子以及贤者、善神与天人，还有动物中的狮王、象王、鹿王、猴王等神兽化身。1953年北京雍和宫法轮殿《释迦牟尼本生记》大型壁画的绘制工作完工（图4-1-5、图4-1-6）。

经过长期的绘画实践，王子明与王定理父子相传，保留整理出一套完整的中国传统重彩壁画的绘制技法和娴熟的粉本创作经验。让人痛心的是：1966年这个特殊的历史时期使得王定理先生整理的粉本资料及所藏雍和宫法轮殿壁画画稿、唐卡，以及"聚兴厚"长期留存的珍贵实物资料几乎全部被毁，成为一件憾事。图4-1-7是留存的唯一一张唐卡粉本，所以显得更加弥足珍贵。王定理先生在粉本的整理中形成了自己的风格和绘画语言，为我们留下了一批经典的画稿手稿（图4-1-8、图4-1-9），这些手稿成为我们学习的珍贵资料。因此，中国传统壁画粉本的梳理和整理工作应是所有致力于中国传统壁画研究领域的壁画人责无旁贷的工作。

1985年，王定理先生撰写了《中国传统色色谱》，该书包括了传统色标320例。1986年，《中国传统色》一书由日本油墨化学工业株式会社出版，译成中、日、英三种文字在日本出版。1987年，王定理编著的《中国画颜色的运用与制作》由台湾艺术家出版社出版，该书是我国传统壁画的材料制作和技术的传承与发展中字字珠玉、不可替代的文稿精粹。王定理先生毕生致力于宗教绘画的研究、抢救与绘制工作，整理绘制了一大批粉本资料，为中国寺观壁画的传承与发展呕心沥血。

图 4-1-7 （宋）佚名 《燃灯佛授记释迦文图》

图 4-1-8 王定理临 《燃灯佛授记释迦文图》

129

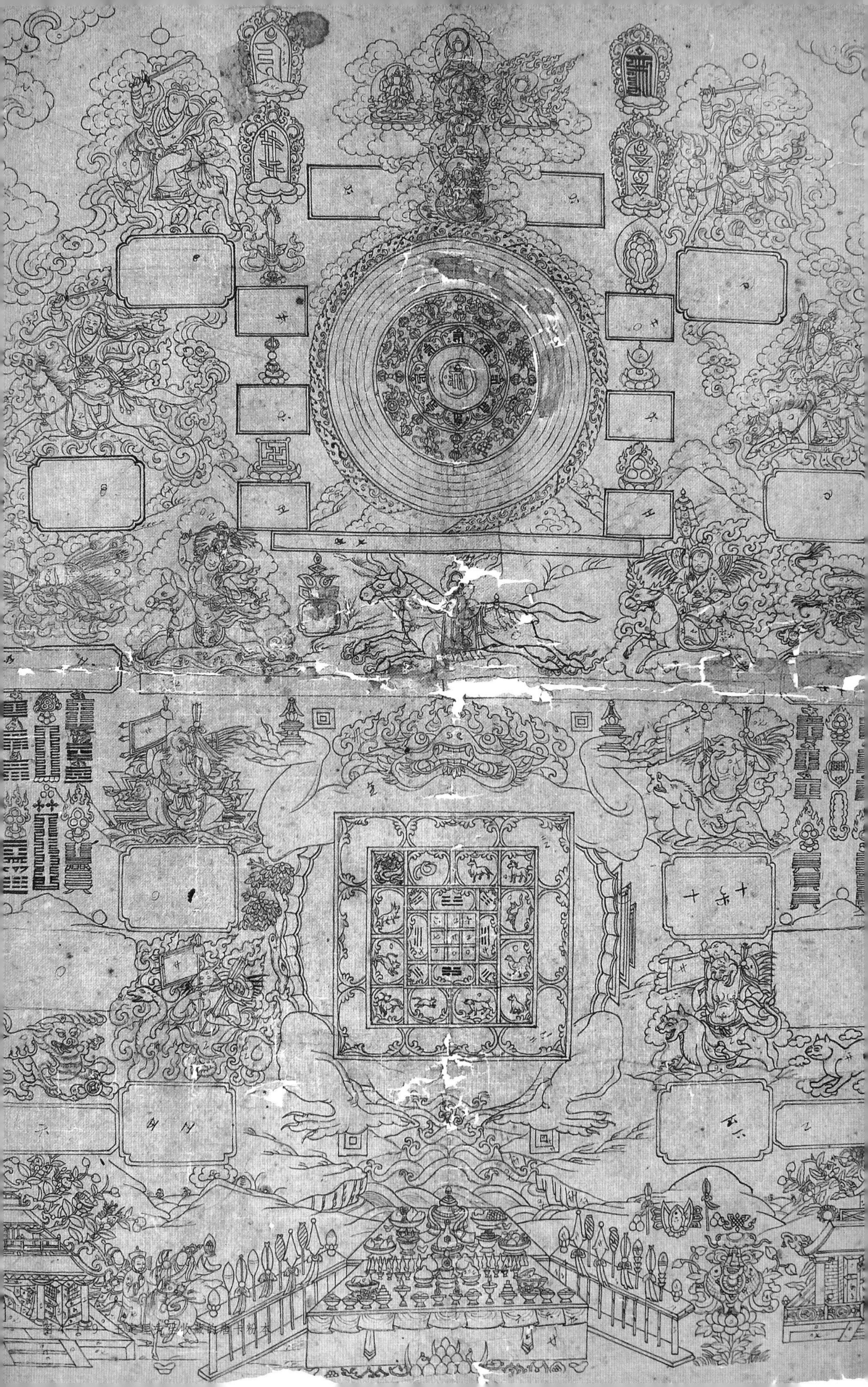

第二节

重构与再生——以《大同世界》壁画为例

《大同世界》是孙景波先生在 2011 年 6 月携中央美术学院壁画系工作室师生,为山西大同云冈研究院博物馆完成的大型壁画。我作为壁画绘制的参与者,有幸见证了壁画设计制作的过程。从接受任务起,主创团队多次共同磋商,如何设计成为遇到的第一个问题。完成这幅高 10 米、长近 30 米的异形壁画,比一般的壁画绘制难度大了许多(图 4-2-1 ~ 图 4-2-7)。

对于这幅壁画,出资方只有基本的创作要求,没有现成的参考。在翻阅大量的资料并与甲方协商后,决定从云冈石窟遗存的圆雕和浮雕中撷取形象,将三维图像转化成二维图像形成线描,用壁画的粉本制作方法放大,然后再进行绘制。云冈石窟的浮雕遗存数以万计,昙曜五窟的造像已是云冈石窟的标志形象为大家熟知。孙景波老师决定从不被大家关注的形象中,找出具有北魏时期云冈石窟造像特点的形象融入设计。

云冈石窟造像极具北魏特点,佛法东渐,佛教绘画、雕刻诠释佛教教规教义随之而来,在平城交汇驻足。皇家参与组织大型石窟开凿,官府跟风,民间笃信佛教的信徒也自发组织开窟打造,招募经验丰富以此为生的凉州工匠、具有中原造像特点的青州工匠和有地利之便的本地工匠,同台竞技,共同打造了今天让我们叹为观止的云冈石窟艺术。

在云冈石窟造型特点的遴选中,我们虽对民间开窟的朴素烂漫形象感慨不已,但还是忍痛放弃,慎重地选择了由皇家、官府开窟的造像为依据。佛教绘画、雕刻行至平城,已在中国有 500 年之久,在行进的过程中,凸鼻深目的西域形象,渐次被改造为中国化形象。在逐渐改造过程中形成的规范被认定,形成模式,皇家、官府及民

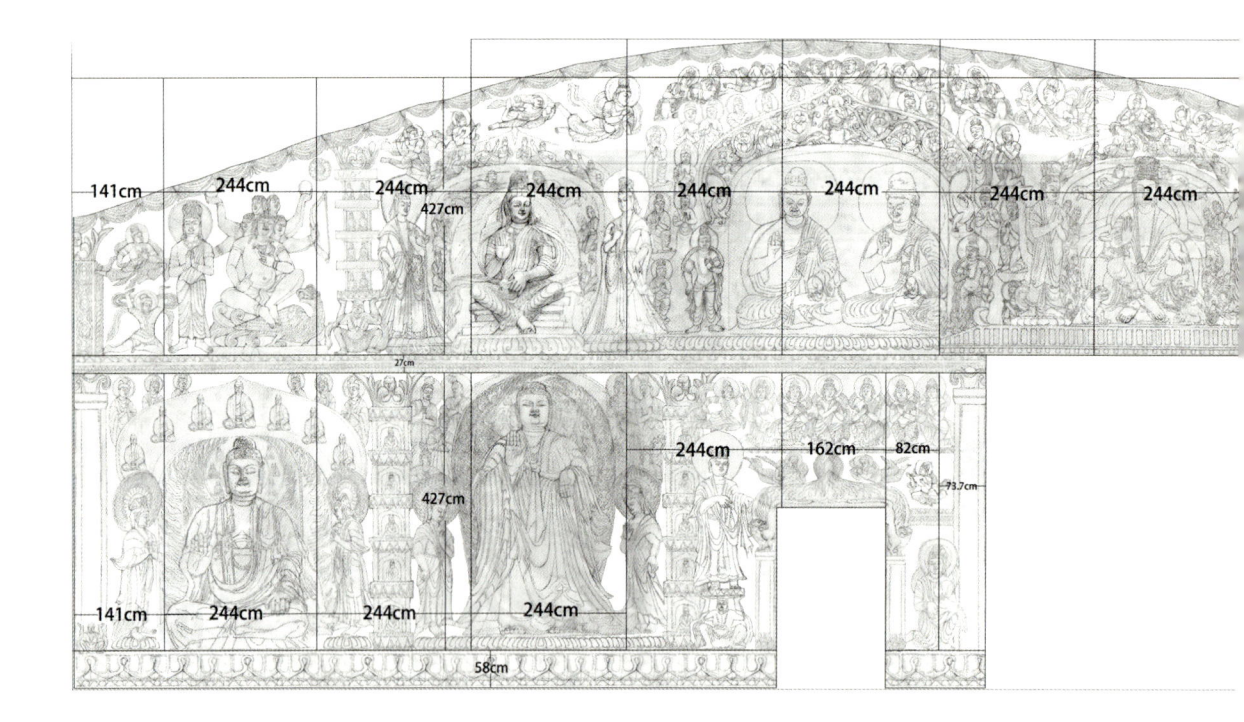

图 4-2-1 《大同世界》尺寸线稿 完成稿 8.5m×35.6m

间的规范样式渗透了这个行业，摹本、稿本成为工匠们工程实施的行业依据。

我们对各窟进行了形象筛选，第1窟与第2窟并为双窟，其位置在云冈石窟最东端。在第1窟中凿出两层的方形塔柱，塔柱后壁有立像为弥勒，四壁佛像因多重原因风化剥蚀，南壁窟门则有两侧的维摩与文殊，东壁后下端雕有佛本生故事浮雕而且保存较完整；

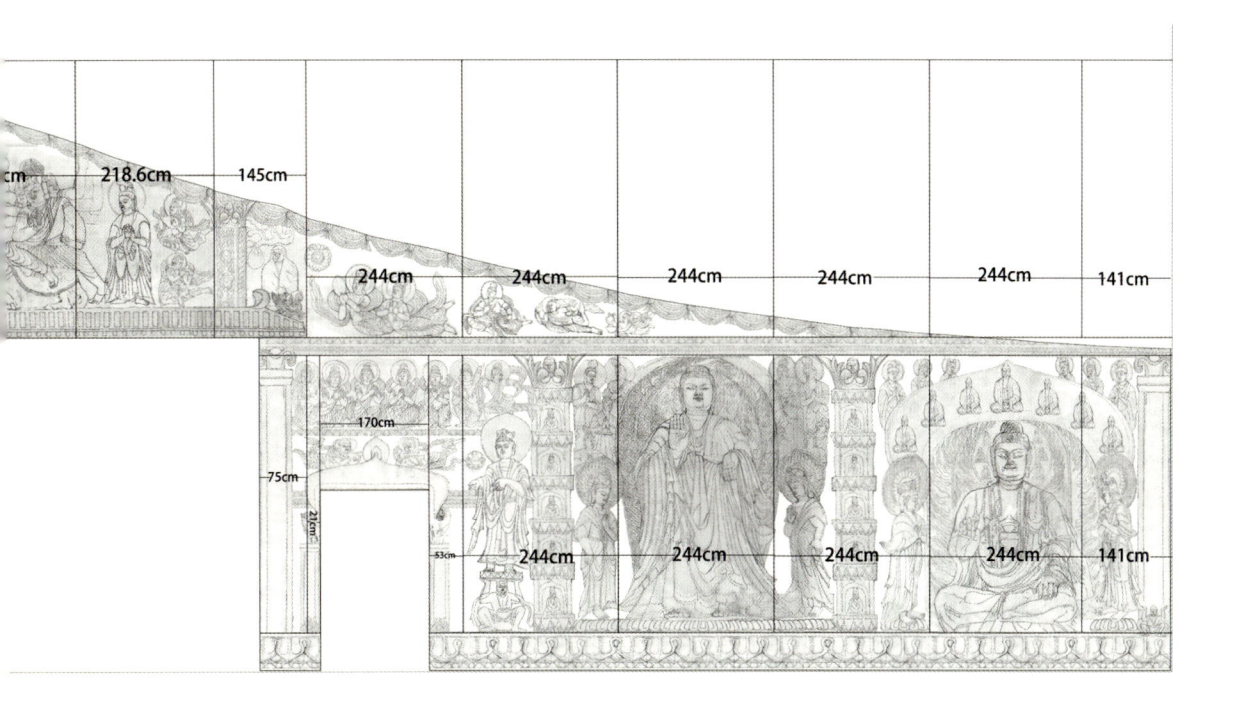

第2窟中央设方形三层塔柱结构，每层四面雕刻佛龛，为三间楼阁式，窟内壁面雕五层塔，结构严谨，是研究北魏建筑的重要资料。我们整个壁画为了解决合理分割与拼装，以建筑柱础为边界，把故事内容和人物嵌入其中，使画面的方圆、繁简有序，构图布局恰到好处。第4窟的中央雕一长方形立柱，南、北两面各雕六佛像，也被我们选入画面。

图 4-2-2　佛像小稿熟悉材料属性示范 　　　　图 4-2-3　《大同世界》（局部） 　图 4-2-4　《大同世界》线稿粉本拷贝

　　第 7 窟建有三层木结构窟檐，窟分前、后两室。后室正壁上层刻有菩萨，东、西、南三面壁上则布满雕佛龛造像，6 个供养菩萨位于南壁门拱之上，形象优美生动。窟顶有飞天造像，各以莲花为中心，盘旋飞舞，为我们的壁画创作提供了动态及形象参照。

　　第 8 窟窟内两侧有鸠摩罗天形象，五头六臂，坐骑孔雀，东侧为三头八臂的醯首罗天，坐骑为牛。此类形象的雕刻在云冈较为罕见，成为我们的粉本依据。

　　第 9 窟分前、后两室，前室门拱两柱为八角形，室壁上刻有佛龛、乐伎、舞伎，造像生动，动感强。

　　第 10 窟与第 9 窟同期开凿，分前、后两室。

　　第 11 窟窟内呈方形塔柱结构，四面雕有佛像。正面的菩萨像至今保存完好。窟内佛龛上满刻千佛，因风化，五官漫漶不清，但整体的气势与格局仍然为我们所用。

　　第 12 窟是研究中国音乐的重要资料，天籁之音，当然也是我们线描稿中的重点描绘对象。

　　第 13 窟内，弥勒于正中端坐，高达 12 米，左臂与大腿之间雕刻有托臂力士像，据考证此为云冈石窟仅存的一例。南壁门拱之上的七佛雕像，雕饰精细，姿态万千。

　　不做更多赘述，摹写与重新组合复杂而充满创造性，所有形象皆有依据但又绝非原型。古代工匠与我们今天所为大抵接近，把经典形象留存，经世代去粗存精越发完美，反复推敲之后力求构图大气而具有北魏风格。我们制成的工程矢量图，可以随形缩放，比之

图4-2-5 《大同世界》绘制现场 中央美术学院壁画工作室2011年拍摄

图4-2-6 《大同世界》安装现场 2011年 山西大同云冈博物馆

传统的九宫格放大更加简便快捷，然后用自制的捻纸拷贝放大。这是传统题材、形象、构图的再创造，也是重构与再生的一个重要个案。

我们在绘制中追求雕塑特有的质感，就是那种刀斧雕刻的硬度。我们的那个画板是用特殊喷砂的底板制作而成的，能够感受到是一种砂岩的肌理效果，以传统的雕塑造型为样本，通过对线条、对光影的一次再创作的过程。通过《大同世界》壁画的绘制，让传统方式方法得以活化。以绘画表现为手段，以古代传统雕塑经典造型为样板，是依据雕塑形体感和光影明暗因素的一次再造。中国绘画和雕塑的传统中有一种共通的线条的思维和审美观，人们可以从中国古代这些雕塑中想到那些立体的形态中线条构成的独特的美感。在

图 4-2-7 《大同世界》中的交脚菩萨

初步形成线稿的同时,这些雕塑及其背景线条的疏密、呼应的效果被我们整理为线描——白描——已经让我们对实现这样一次传移模写,充满了再创造的激情和期待。把雕塑转化为绘画,借鉴素描中利用光影虚实感的手段,表现出形象的体积感、质感,还是需要借助光影的关系。这就是孙先生在绘制过程中所说的:"我们是以线条做构成筋骨的,但我们再现的是一种具有中国传统美感的石雕。我们的线条应被我们理解为:是压缩的面,是形成结构的脉络。"因此,这些稿本的白描线条在绘制中"应物象形""触类生变",这些线条将有光感、有体积感、有质感、有虚有实、有雕刻力度、有一种沉甸甸的律动。因此,这一复古的过程,同时也是学习研究传统美学进而再创造的过程。

第三节
迦陵频伽形象粉本整理

在中国传统寺观壁画中,从敦煌的石窟壁画到寺观壁画,始终有一个形象吸引着我,在遇见她后每每驻足仔细欣赏,她便是迦陵频伽——妙音鸟。第一次看到新疆若羌米兰寺院的《有翼天人》壁画中的形象有如基督教中有翅膀的天使(图4-3-1),有翅膀的形象似乎格外引人入胜。通过一年的搜集素材,对壁画、雕塑其至各种工艺美术品种中的迦陵频伽形象进行梳理,绘制线稿,了解有关她的所有故事,整理了各个时期的形象粉本素材。走进各个时期她的艺术形象,整理艺术形象的共同特点以及不同时期的细微差别,欣赏她的美,聆听她美丽的声音。

图4-3-1 《有翼天人》公元2—4世纪 米兰古城遗址出土 大英博物馆藏

迦陵频伽的造型演变

根据资料记载,迦陵频伽最早发现于5世纪,是由鸠摩罗什等人带入中国,通过翻译经文,这个名字被人们熟悉。在中国壁画等

图 4-3-2 《妙音·花雨》画稿形象整理 泥板地仗 30cm×30cm×9

图 4-3-3 苟景墓墓志盖上侧刻画的迦陵频伽

艺术中，迦陵频伽一般是上半身为人体、下半身为鸟，是拥有凤鸟翅膀羽翼的结合体。她们演奏各式乐器包括笛子、箜篌、竽篥、笙、琵琶、排箫、拍板、手鼓等，有的手捧供花，形象姿态优美舒展（图4-3-2），我们会在壁画、建筑结构、雕塑以及工艺品等诸多领域中看到她们的身影。在艺术表现中，初唐时的迦陵频伽与凤鸟的形象十分接近。随后，不同时期迦陵频伽的演变受到佛教以及西域民族文化等多方面因素的影响，表现出微妙的变化和不同的粉本样式。对迦陵频伽形象的文字描述最早出现在东晋郭璞所撰的《山海经》中，"荆山至琴鼓之山……其神，状皆鸟身而人面"，但在考古中没有能够找到这一时期的实物与图像。而迦陵频伽形象的图像最早

图 4-3-4　南朝 "万岁千秋" 砖

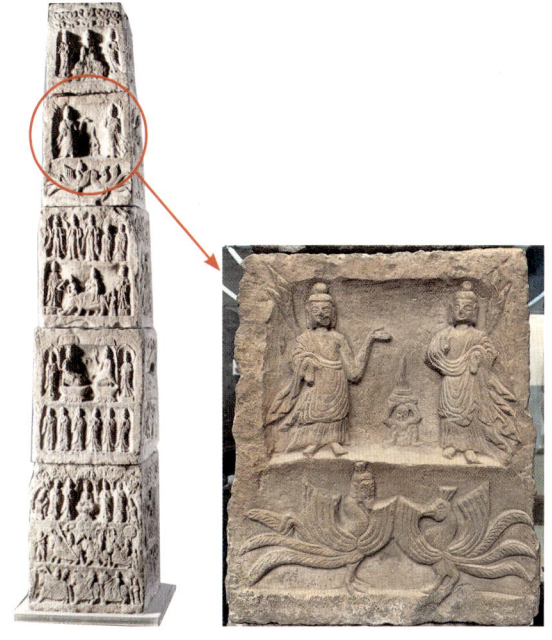

图 4-3-5　北魏卜氏石造像塔

出现于北魏，在北魏苟景墓墓志盖上侧刻画有两尊人身鸟腿的迦陵频伽（图 4-3-3）。她们双手捧物，相向而立。身着汉人衣冠，褒衣博带，手捧贡品，背生双翼，卷云尾，鸟足。与迦陵频伽类似的形象有南朝邓州画像砖中的"千秋万岁"图像（图 4-3-4）。左侧为人首尖耳鸟身形象，左下方题名为"千秋"。与迦陵频伽不同的是，只出现了人首，而没有人身中的双手出现。

上溯北朝至隋时期，迦陵频伽的形象出现于甘肃庄浪水洛城北魏卜氏石造像塔（图 4-3-5）和敦煌莫高窟。卜氏石造像塔高五层，四面均有造像。塔背面第四层下部由面对的两个双翼形象组成，与南朝邓州画像砖中的"千秋万岁"图像十分相似。左边为单足立人首鸟身形象，右边为双足立凤鸟[1]。

[1] 张宝玺：《甘肃佛教石刻造像》，甘肃人民美术出版社，2000年，第25页。

迦陵频伽的形象为人首带上肢、鸟身下肢以及凤尾鸟翼的固定形式以后，其造型多出现在中国传统壁画中。其中，多出现于观无量寿经变与药师经变壁画题材中。隋唐时期，敦煌莫高窟中出现的频率较高，安西的榆林石窟、洛阳的龙门石窟以及四川仁寿龙桥乡的石佛沟中也出现了迦陵频伽的形象。单从数量上看，敦煌莫高窟有大量保存，其他3处石窟中仅存少量，多为单个形象出现。在现存的唐代石窟里描绘迦陵频伽的有41处，共计80余身。

莫高窟迦陵频伽分布情况：

朝代	分布地区	窟号
西魏	莫高窟	第285窟、第249窟
隋	莫高窟	第401窟（藻井）
初唐	莫高窟	第220窟、第386窟、第217窟、第321窟、第329窟、第372窟
盛唐	莫高窟	第45窟、第148窟、第172窟
	西千佛洞	第15窟
中唐	莫高窟	第7窟、第44窟、第158窟、第159窟、第180窟、第237窟、第360窟、第379窟、第225窟
	榆林窟	第25窟
晚唐	莫高窟	第12窟、第192窟、第14窟、第85窟、第9窟、第156窟
五代	莫高窟	第61窟
宋	莫高窟	第55窟、第118窟、第427窟（门楣）

在敦煌莫高窟壁画中，迦陵频伽从尾部形式总结：唐初时迦陵频伽的尾部形状尚没有固定的形式（图4-3-6），至盛唐才多以蔓草纹样卷尾形式出现，形象渐渐形成定式，一直延续下去。比如莫高窟第45窟（盛唐）中的迦陵频伽，以及第158窟（中唐）的迦

图 4-3-6 初唐 莫高窟第 321 窟西壁迦陵频伽 龛南壁

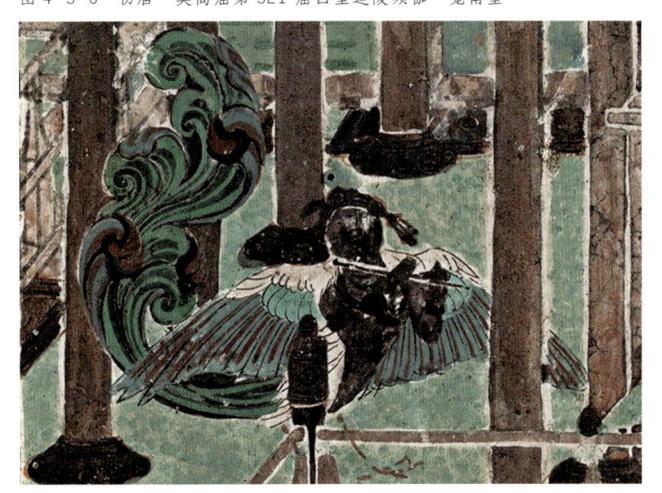

图 4-3-7 盛唐 莫高窟第 172 窟吹奏横笛的迦陵频伽

陵频伽和第 61 窟（五代）的迦陵频伽，尾部的造型均采用蔓草纹卷尾形式。但也有例外，例如第 321 窟（初唐）中西壁的迦陵频伽，尾羽则较为短小。

唐代，迦陵频伽的形象逐渐稳定，开始大量出现在各类装饰领域。比如莫高窟中诸多装饰带中的迦陵频伽形象，尾部的蔓草纹和缠枝花纹缠绕在一起，已完全被用来作为花鸟嫁接式装饰纹样使用，大多数形象具有鸟的形象特征，下半身为花草纹，显现出唐代的雍容华贵。在盛唐莫高窟第 172 窟中，迦陵频伽尾部造型转化为凤鸟纹的装饰性尾部（图 4-3-7）。

到了北宋，迦陵频伽的形象开始作为建筑彩画的纹样大量使用。李诫《营造法式》一书中的图像显示，迦陵频伽尾部依旧保留着装饰的蔓草纹和卷尾形状。《营造法式》中提到的五彩遍装的图样，其中有两个纹样，其一为凤凰，另为鸾鸟，而它们上半身的造型相像，主要区别在于尾部略有不同——鸾鸟的尾部造型用少量蔓草纹和飞舞的飘带造型组成（图 4-3-8），凤凰尾部则为蔓草纹和飞舞

图 4-3-8　宋·李诫《营造法式》鸾尾"迦陵频伽"

图 4-3-9　宋·李诫《营造法式》凤尾"迦陵频伽"

图 4-3-10　西夏出土的红陶迦陵频伽线稿

的飘带相结合（图 4-3-9）。这里的凤凰和鸾鸟形象是典型的迦陵频伽的样式，而且出现了男女人物不同性别的表现方式。

西夏王朝时期，迦陵频伽作为建筑的重要构件，造型风格与敦煌各地区不尽相同，多采用双手合十的形象。它作为建筑构件使用时，由于受功能的多种限制，以前的蔓草纹和卷尾都有所改变，主要以实用性为主，变为短小精悍的尾图（图 4-3-10）。

敦煌莫高窟迦陵频伽造型演变一览

	造型演变	作品图片线稿
西魏	莫高窟第285窟（西魏）人首鸟身形象位于北侧窟顶，为该窟仅见一例。段文杰将其称为"千秋"。人首鸟身形象展翅腾飞于半空，头部后伸，胸部挺起，似戴冠帽，颈部所系飘带随风后扬，尾羽修长飘逸。	 莫高窟第285窟人首鸟身壁画形象
	第249窟中人首鸟身形象，造型特征与第285窟相似，学者们将其称为导引护送升仙的"千秋长命鸟"或中国远古神话中的东方之神"句芒"，也称为"禺强"或"千秋鸟"。	 莫高窟第249窟西魏人首鸟身壁画
隋代	隋朝莫高窟第401窟莲花飞天藻井中的人首鸟身形象称为迦陵频伽，郑汝中指出："凤鸟中有一身为人首鸟身，是目前莫高窟发现迦陵频伽最早的图形。"	 莫高窟第401窟藻井人首鸟身壁画
初唐	初唐时敦煌莫高窟的迦陵频伽第220窟、第321窟、第329窟、第372窟、第386窟壁画中出现的场景均为阿弥陀经变。阿弥陀经变亦称"西方净土变"出现了大量迦陵频伽形象。	 初唐第321窟迦陵频伽 龛南壁　初唐第321窟西壁迦陵频伽线稿 龛南壁
	贞观十六年（642）的莫高窟第220窟南壁的阿弥陀经变是至今规模最大且保存最好的阿弥陀经变，画面中心为结跏趺坐于宝池中央莲台上的阿弥陀佛。迦陵频伽立于画面右侧莲座菩萨华盖左侧平台上，面朝阿弥陀佛，双手合十或手持物，彩带束发且发带前端饰有宝珠，颈部、手腕戴串饰，五彩双翼伸展，斑点彩色尾羽微翘。	 莫高窟第220窟南壁阿弥陀经变中的迦陵频伽形象

盛唐	第45窟北壁中部观无量寿经变画面下部，左侧乐队后上方有吹笙迦陵频伽，右侧乐队后上方有吹排箫迦陵频伽，均面向画面中央，双足立在覆莲圆毯上。吹笙迦陵频伽双手持笙，头戴两边上卷发带，双翼展开，修长卷尾自然后垂；吹排箫迦陵频伽头戴饰有宝珠的发带，修长的卷尾上翘。	 第45窟吹排箫迦陵频伽线描图	 第45窟吹笙迦陵频伽线描图
	莫高窟第172窟盛唐窟北、南壁均为观无量寿经变，迦陵频伽共出现9次，在演奏横笛、排箫、笙、竽篥等乐器。	 盛唐第172窟迦陵频伽吹奏横笛图	 盛唐第172窟迦陵频伽吹奏横笛线稿图
	莫高窟第148窟盛唐窟东壁北侧药师经变中有两身迦陵频伽值得注意。两个迦陵频伽手中所持物并非乐器，左侧迦陵频伽双手缚持鸟，从鸟伸出头部的姿势来看，显然是试图尽力挣脱束缚；右侧迦陵频伽右手持一树叶状物体，左手摊开。两个迦陵频伽抬起右爪向前试探行走这一细节，很可能表明两个迦陵频伽是在向药师佛奉献贡品。	 莫高窟第148窟《药师经变》献鸟的迦陵频伽  莫高窟第148窟《药师经变》献物的迦陵频伽	

中唐	第159窟中唐舞蹈的迦陵频伽双手合掌举过头顶，食指似在击节，抬起的右爪、上翘的尾羽、几乎平展的双翼，表明迦陵频伽舞意正酣。	 莫高窟第159窟南壁《观无量寿经变》中的迦陵频伽舞蹈
	莫高窟第159窟主室盝顶帐形龛龛檐带状边饰也出现了多个迦陵频伽，她们站立在莲瓣上，或跳袖舞，或拍拍板，或吹排箫。	 莫高窟第159窟主室盝顶龛檐跳袖舞、吹奏排箫、演奏拍板的迦陵频伽线描图
	第159窟西龛内檐装饰带的卷草纹中夹画有迦陵频伽和石榴纹，植物纹样和迦陵频伽完美地组合在一起。	 莫高窟第159窟主室盝顶龛檐装饰带迦陵频伽壁画
	与第159窟不同，第225窟边饰中，迦陵频伽双腿自然后伸，把飞翔在空中的形象表现得淋漓尽致。	 莫高窟第225窟（中唐）边饰迦陵频伽线描图
	同样属于装饰角色的迦陵频伽还出现在中唐敦煌莫高窟第360窟主室藻井井心的莲瓣圆盘中，迦陵频伽左手按弦、右手正在拨弄琵琶，整个造型为了适应圆盘而显得较为紧凑。	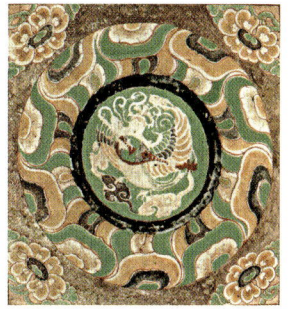 莫高窟第360窟主室藻井迦陵频伽图

	榆林窟第25窟也出现了迦陵频伽弹琵琶等乐器的动态造型，还有双头的人首鸟身造型，称为"共命之鸟"。	  中唐 榆林窟第25窟迦陵频伽与鹤　　中唐 榆林窟第25窟共命鸟线稿
晚唐	敦煌莫高窟晚唐时期的迦陵频伽与中唐相比，数量明显减少，出现场景增多，而且更加注重装饰功能。窟龛藻井装饰有第14窟、第85窟、第9窟等。	 晚唐 第9窟迦陵频伽
	莫高窟晚唐第156窟南壁上部为经变画，阿弥陀经变最下层舞台上迦陵频伽出现三次，中间一个立在仰莲舞筵上，正在跳巾舞，左、右两侧的迦陵频伽分别弹奏凤首箜篌、琵琶，为舞者伴奏。表明迦陵频伽式的乐伎、舞伎当与阿弥陀经变之间存在一定的对应关系。	  第156窟南壁上部阿弥陀经变中的迦陵频伽壁画　　晚唐 第156窟阿弥陀经变中的迦陵频伽
	莫高窟晚唐第14窟北壁金刚杵菩萨身后卷轴上侧横杆两端各有一个覆莲座，其上分别站立一迦陵频伽，两个尾羽相接于菩萨头顶上部正中植物纹，两个迦陵频伽整体呈现"人"字形构图，显然是为了适应菩萨头顶的整体结构。迦陵频伽分别面朝左右斜前方，双手捧埙准备吹奏，双翼伸展。最奇特的是尾羽打了多个卷延伸至顶部，强化了装饰美化的效果。	 莫高窟第14窟北壁金刚杵观音身后的迦陵频伽壁画

146

第14窟龛楣底座的迦陵频伽头戴珠冠，展开双翅，脖颈上悬挂着璎珞、项链，翅膀上端有卷草纹作装饰，这些特征与其他迦陵频伽造型相近。其独特之处体现在尾羽表现的弱化，这不但与画面布局密切相关，也有可能涉及迦陵频伽功能的新变。

莫高窟第14窟龛楣底座迦陵频伽

图4-3-11 库木吐喇第34窟中的迦陵频伽

● 唐代其他石窟中的迦陵频伽造型

以克孜尔石窟中的库木吐喇第34窟的迦陵频伽和库木吐喇第16窟的迦陵频伽相对比，第34窟的迦陵频伽形象（图4-3-11）只有人首鸟身，没有人身中肩膀和胳膊的刻画；而第16窟主室枭混线上的迦陵频伽以土红色勾线，线条流畅，弹性十足，上身为人身，下身为鸟身形象。根据格·伦威德尔的记录，花卉中间有紧那罗（Kinnara）形象，德国探险队揭取紧那罗壁画以及左侧壁部分花纹带壁画并带回柏林。德国柏林亚洲艺术博物馆今编号"Ⅲ 4444"壁画残片（图4-3-12），这里提到的音译"紧那罗"便是迦陵频伽。

图 4-3-12　德国柏林亚洲艺术博物馆藏库木吐喇窟群区第 16 窟主室侧壁枭混线上的迦陵频伽

● 唐代工艺美术中的迦陵频伽造型

考古发现，唐代迦陵频伽的形象出现在陕西耀州药王山石棺座上、陕西法门寺地宫银棺的棺盖上、唐代武惠妃石椁纹饰上、陕西临潼庆山寺舍利塔下精室石门楣上、陕西省耀州药王山南庵院墓葬青石棺座的立面上、镇江甘露寺舍利金棺上、陕西西安小雁塔的线刻画上、山东阳谷县关庄石塔上、西安盛唐大智禅师碑侧上、唐代徐孝墓志作纹饰上等。

目前见到唐代雕塑类的迦陵频伽很少，见诸报道的只有在河南登封法王寺二号塔地宫中出土的一件工艺精细、高 4.3 厘米、玉石质地的迦陵频伽盒。盒由一盖一底扣合而成，中有子母口，盒盖为人首鸟身、头梳高髻，作吹箫状的迦陵频伽，下底刻出腹部和双腿。

综合唐代迦陵频伽的资料，发现唐代迦陵频伽主要出现在石窟寺、佛塔、地宫或佛教徒的墓葬中，绘制方法是用毛笔绘制的壁画和雕刀刻画的线刻画，形象都是人首鸟身状，双翼展开，两腿细长，站立在莲花或乐池平台上，在画面中表演歌舞或持乐器演奏。唐代迦陵频伽面貌多为女性，配有花冠，嘴唇丰厚，露肩且臂膀圆润，身材丰腴。鸟身的羽翼刻画细致饱满，双翅向后努力张开，鸟爪强健有力，鸟尾与蔓草自然地糅合在一起，出现的场合多在无量寿观经变图或西方净土变图中，其功能与作用是为佛陀表演歌舞，展现佛教的祥和与庄严，富有给人们带来好运和幸福的寓意。

● 五代敦煌石窟迦陵频伽造型

| 五代 | 敦煌莫高窟第61窟属于五代时期的作品，其中迦陵频伽主要是以伎乐的形象出现，主要表现为乐器的演奏，但尾部描绘有被简化的迹象。 |  五代第61窟"迦陵频伽"舞 |  五代第61窟迦陵频伽伎乐线描图 |

● 宋代迦陵频伽造型

宋代的迦陵频伽主要出现在佛经故事、大型建筑中，同时以迦陵频伽形象为样式的陶瓷雕塑也开始大量出现。

《营造法式》中明确绘制了迦陵频伽的形象，还将迦陵频伽与建筑相结合。《营造法式》卷十四"彩画作制度（五彩遍装）"："飞仙之类有二品：一曰飞仙；二曰嫔伽。"[1] 卷十三"瓦作制度（用兽头等）"："殿、阁、厅、堂、亭、榭转角，上下用套兽、嫔伽、蹲兽、滴当火珠等。……嫔伽高一尺六寸；四阿殿七间或九脊殿九间……嫔伽高一尺四寸；四阿殿五间……嫔伽高一尺二寸；九脊殿三间或厅堂五间至三间……嫔伽高一尺；亭榭厦两头者……嫔伽高八寸；若用六寸瓦……嫔伽高六寸；厅堂之类，不厦两头者，每角用嫔伽一枚，高一尺。"[2]

西夏三号陵出土的迦陵频伽雕塑，其形象与唐代壁画绘制的造型有明显差异。西夏时期迦陵频伽造型多带有方形器座，均可砌于相关部位。造型趋于写实，人身鸟翼，双翅舒展，头饰花冠，双手合十，浮雕鸟爪位于腹下器座两侧，体现了迦陵频伽新的创造性和实用性。

宋代时期的迦陵频伽造像与唐代相比较有了很大的区别。仅从外形上区分，唐代的"鸟身人首鸟爪"转化为宋代流行的"人首人身鸟爪"形象的演变；在艺术表现语言中从单一的绘画和线刻画等平面艺术语言，开始转化为以建筑构件的形式出现在建筑结构之中，在工艺品领域大量出现，彰显了宗教功能之外的实用性与艺术性。此外，从区域上划分，迦陵频伽出现在中原地区较为广泛，而在辽、西夏、金及吐蕃边疆少数民族地区也有了考古发现，说明迦陵频伽

[1]（宋）李诚：《营造法式》卷十四，王海燕注译《营造法式译解》，华中科技大学出版社，2011年版，第205页。

[2]（宋）李诚：《营造法式》卷十三，王海燕注译《营造法式译解》，华中科技大学出版社，2011年版，第193—194页。

在这些地区也普遍出现,显示出强大的生命力和深厚的民众基础。

● 元代迦陵频伽造型

元代迦陵频伽在壁画造型上已趋于简单,敦煌莫高窟壁画中的迦陵频伽失去了艺术性,主要以实用性为主。在青龙寺腰殿(接引佛殿)和大殿(大雄宝殿)之中,大东、西山墙分别绘制了《释迦牟尼说法图》和《弥勒佛说法图》,画面上方两隅,有一对人首鸟身的迦陵频伽自云天持莲花而降,丰颊童颜,玲珑可爱,饶有童稚般天真圆润之美。迦陵频伽肩头生出一双翅膀,后尾羽翎翻飞,流畅的动感呼之欲出,优美动人,极富双凤栖云之趣。兴化寺《过去七佛说法图》和《弥勒说法图》画面上方,两对迦陵频伽都是人首鸟身状,采用一上升一俯冲造型,画面充满动感,相映成趣[1]。

元代作为建筑构件的迦陵频伽继续存在,但考古发现元代迦陵频伽的总体数量趋于减少。屋顶上的迦陵频伽仍是人首人身鸟爪的形象,但出现了多元化发展的趋势,其人首人身多被塑造成武士的形象,同时迦陵频伽形象的日用工艺品或饰件开始较多出现,这也说明了迦陵频伽世俗化的发展趋势。

● 明清时期迦陵频伽造型

明代时期迦陵频伽在艺术感染力上已明显下降,只有为数不多的寺庙建筑仍在使用,造像特征多为写实风格,这是迦陵频伽日趋式微的表现;并且在用途上较为单一,只见于宗教建筑之上,神态也基本上以写实为主,飞翔的动感不见往日风采。

清朝时期迦陵频伽这一形象在汉地佛教艺术造型中已基本消失。

[1] 王中旭:《中国古代物质文化史·绘画·寺观壁画·下:明清》,开明出版社,2016年版,第31页。

元代莫高窟壁画中的迦陵频伽造型与晋南地区造型一览表

	造型演变	作品图片和线稿
敦煌莫高窟	元代迦陵频伽在造型上已趋于简单，以晚唐第14窟龛楣底座的迦陵频伽和元代第465窟南披的迦陵频伽造型对比，第465窟的迦陵频伽身上的装饰品简化了，尾羽的表现也弱化了。当迦陵频伽形象出现在装饰带中，其装饰功能基本等同于凤鸟纹的形式。	元 第465窟南披 宝生佛
青龙寺	两身迦陵频伽鸟均为俯冲姿势，其中南侧羽翼略内收，体态生动，北侧羽翼无内收态势。	青龙寺《弥勒说法图》上侧的迦陵频伽
兴化寺	《七佛说法图》中的两身迦陵频伽位于迦叶和阿难头顶上方，其一双手上举，另一则飞身合掌而下。	兴化寺《七佛说法图》佛两侧的迦陵频伽 故宫博物院藏
	《弥勒说法图》中的两身迦陵频伽皆为一俯冲一上升姿势，皆双手合掌，聆听佛音。	兴化寺《弥勒说法图》迦陵频伽线描稿 加拿大皇家安大略博物馆藏

● 工艺美术迦陵频伽造型

现代迦陵频伽形象多见于工艺品中，以日本工艺品为代表，造型以线条为主，兼具装饰性和美观性（图4-3-13～图4-3-16）。

图4-3-13　日本法华挂饰（左、右）

图4-3-14　日本法华挂饰迦陵频伽及线稿

图 4-3-15 日本背屏处的迦陵频伽及线稿

图 4-3-16 《神话般的鸟人》 约 1775—1850 年 泰国中部 木材与漆镀金和镜面玻璃镶嵌的残余 多里斯杜克慈善基金会东南亚艺术收藏

153

小结

  研究梳理中国传统绘画中的粉本，并结合创作实践应用于当代壁画创作，是我本章重点论述的内容。按时间顺序进行回溯，我对中央美术学院教授王定理先生父子就雍和宫法轮殿壁画重绘过程进行了挖掘、调查、整理，采访了解这个起于20世纪40年代完成于50年代的壁画再造工程，从字里行间寻找史实，访问咨询王定理先生的儿子、中国美协材料委员会副主任王书杰先生，始知雍和宫重绘壁画的价值所在。王定理先生经过几代人的不懈努力与积累，在传统色彩采集、研制，尤其是撰写出画工的短板色彩著作传世，影响至日本；为完成壁画创作，踏遍铁鞋，四处撷取粉本资料，时至今日仍具有重要的学术价值。我的导师孙景波先生为完成《大同世界》壁画，从云冈石窟中获取第一手资料，多次率团队勘探，避开众人耳熟能详的形象，搜寻独具特点的造型。没有"粉本"，创造"粉本"，巧妙结合建筑框架完成设计，整幅构图场面宏大、结构紧凑，人物个性鲜明、各具形态。我有幸参与绘制过程，对我的后期研究与创作影响深远。我自己在中国传统壁画的学习中，搜集整理迦陵频伽不同时期粉本的变化规律，对于研究中国传统造型语言和传统壁画十分有意义。

结论

这部论著是我在壁画实践中以及在创作研究的基础上撰写而成的，我用文字的方法梳理成文，把"粉本"对于壁画的重要性予以论述。研究中国传统壁画理法应用于实践，将中国优秀的壁画艺术传承下去，对每一个壁画人来说都是应具有的责任和使命。通过粉本在壁画上进行图像的传递与传播，看似是技术性的问题，实则承载了更多的壁画艺术的精神指向。

本书通过4个部分来论述图像的传递与传播，而着重以寺观壁画为论述对象。第一章界定"粉本"的概念，从壁画绘制的角度来界定粉本的概念。对于中国寺观壁画而言，狭义的粉本是指以"粉"入"本"或下"粉"之"本"的载体。在不同条件下，狭义的粉本会出现不同的物质形态。换句话说，图像转移依靠的是物体、工具实现的传递，狭义的粉本成为绘制程序中一个实现图像传递的工具。广义粉本的分类，学术界有很多叫法和称谓。我从绘制材料、绘制方法以及通常所说的以画稿命名的广义粉本的概念进行划分，通过图表的方式，直观展示广义概念下的粉本的丰富多彩，也为整理粉本的发展和师承关系渐渐厘清了思路。

第二章通过对宋、金、元、明4个时期寺观壁画的代表性中国传统壁画粉本的规律与特点的分析，概括为"固守与拓展、师法与师承、近似与不似、式样与样式"，并论及粉本对审美观念的影响及传播功能，把自己平时关注较多并且考察过并有心得体会的宋代高平开化寺、金代岩山寺、元代青龙寺和兴化寺，以及明代崇善寺和多福寺反复比较论证，通过图像对比找出粉本在寺观壁画中的发展规律。

第三章论述了粉本对中国壁画发展的教育价值，这是本文的核心章节，论述与第一章中粉本的延伸的论述相呼应。第一章提及的对于传统壁画的绘制，民间画工与文人士大夫画家犹如鸟之两翼相辅相成，宋元以后民间画工异军突起，成为传统重彩壁画绘制的中坚力量。粉本又以其特有的教育方式，完成了划时代的文化传递。粉本的价值的讨论让我们充满文化自信，也对中国寺观壁画的传承、对中国艺术文化的弘扬充满了使命感。

第四章通过现代壁画绘制的例子来分析粉本的应用、重构与再生。以《大同壁画》为例，在壁画实践过程中体会什么是中国绘画之精髓，在造型语言中，无论是绘画还是雕塑都有一种线性思维的传统。即便在雕塑上，我们看到大量的线条的使用。通过这个重新组合在流变的过程当中产生新的作品。另外一个例子是中国近代在壁画实践中有一幅壁画见证了粉本在壁画绘制中的重要作用，那就是1953年由王定理先生带领学生绘制的北京雍和宫法轮殿壁画《释迦牟尼源流图》。第三个例子我通过对自己的壁画稿《妙音·花雨》搜集素材、整理形象的分析，体会到对于粉本的梳理，粉本的理解对于实践创作的重要性。通过这篇论著的撰写，我希望自己补充更多的专业知识，了解壁画这一古老的画种在历史长河中生成、发展到成熟的历史，在行进的过程中综合文化的积累叠加，让壁画不再是简单地装饰美化，不是叙事记录生活，也不是世风教化，更不仅仅是宗教释义，而是承载着中国人的全部智慧，凝聚着中国文化的深层内涵，是中国人整体的文化记忆。

历史远去，文化长存。在文化多元的当下，系统地掌握中国传统壁画绘制的理法，理论联系实践，理论指导实践，能够更好地领悟在中国传统壁画理法的指导下，中国传统壁画博大精深的艺术感染力，能够继承和发扬传统壁画的理法规制。通过粉本的索引，解读中国传统壁画的基因密码，从浩瀚如海的图像资料中找到自己的研究路径，为这部论著的撰写提供可能性，希望自己艰难的研究之路变为通途，让传承的中国传统壁画理法更好地指导壁画实践。

参考文献

中文专著

1.《唐朝名画录》，朱景玄（唐）著，温肇桐注，四川美术出版社，1985年3月第1版第1次印刷。

2.《历代名画记》，（唐）张彦远著，浙江人民美术出版社，2011年12月第1版，2015年6月重印。

3.《图画见闻志·画继》，潘运告主编，米田水译注，湖南美术出版社，2010年10月第2版第4次印刷。

4.《宣和画谱》，俞剑华注译，江苏美术出版社，2007年6月第1版第1次印刷。

5.《〈营造法式〉译解》，李诫（宋），华中科技大学出版社，2015年6月1版第4次印刷。

6.《中国美术论著丛刊·寺塔记·益州名画录·元代画塑记》，（唐）段成式、（宋）黄休复、（元）佚名，秦岭云点校，人民美术出版社，1964年5月第1版，2004年1月第2次印刷。

7.陈高华：《宋辽金画家史料》，文物出版社，1984年3月第1版第1次印刷。

8.罗春政：《辽代绘画与壁画》，辽宁画报出版社，2002年第1版第1次印刷。

9.俞剑华：《中国壁画》，中国古典艺术出版社，1958年3月第1版第1次印刷。

10.祁英涛：《中国古代建筑的保护与维修》，文物出版社，1986年9月第1版第1次印刷。

11.祁英涛：《怎样鉴定古建筑》，文物出版社，1981年6月第1版，1983年2月第2次印刷。

12. 沙武田：《敦煌粉本刺孔研究——兼谈敦煌千佛画及制作技法演变》，《敦煌学辑刊》，2007年。

13. 何如珍、何鸿：《穿越敦煌——美丽的粉本》，西泠印社，2015年5月。

14. 俞剑华：《中国壁画》，中国古典艺术出版社，1958年。

15. 徐涛、师小群：《当代石椁线刻与粉本的形成方式——兼论唐陵墓壁画图像粉本的来源》注解，见《宣和画谱》。

16. 段文杰：《敦煌石窟艺术研究》，甘肃人民出版社，2007年。

17. 黄骏：《中国石窟壁画修复与保护》，中国美术学院出版社，2017年7月。

18. 田自秉：《中国工艺美术史》，知识出版社，1985年。

19. 陈松：《马王堆三号汉墓仪仗图帛画试说》，岳麓书社，1991年。

20. 祝重寿：《中国壁画史纲》，文物出版社，1995年。

21. 陈师曾：《中国绘画史》，徐书城点校，中国人民大学出版社，2004年。

22. 蒋采萍：《中国绘画材史》，上海美术出版社，1999年。

23. 宗白华：《美学与意境》，江苏凤凰文艺出版社，2017年。

外文专著

1. ДионисийФурноаграфиот：Ерминияилинаставление в живописномискусстве, 收录于Секретыремесла, Стайл А лтд（STYLE A LTD），Москва，1993.

2. GIORGIO VASARI PAINTER & ARCHITECT OF AREZZO,

VASARI ON TECHNIQUE BEING THE INTRODUCTION TO THE THREE ARTS OF DESIGN, ARCHITECTURE, SCULPTURE AND PAINTING, PREFIXED TO THE LIVES OR THE MOST EXCELLENT PAINTERS, SCULPTORS AND ARCHITECTS, GIORGIO VASARI PAINTER & ARCHITECT OF AREZZO, 译 注 LOUISA S. MACLEHOSE, EDITBD WITH INTR o DUCTIONN o TBS BY PROFESSOR G. BALDWIN BROWN, AND PUBLISHED BY, J. M. DENT COMPANY 29-30 BEDFORD STREET, LONDON 1907, P231.

期刊

1. 李永林. 隋唐画工粉本师授[J]. 艺术沙龙.2012（04）:188-203+186-187。

2. 杜灿. 唐代官方与民间美术教育的基本特征[J]. 文教资料，2006（11）：193-194。

3. 苏金成. 中国传统宗教绘画中粉本的应用[J]. 美术，2017（03）：119-123。

4. 么鑫喆. 从《降真图》看古代的粉本使用及其文学叙述功能[J]. 艺海，2016（10）：70-74。

5. 张建宇. 敦煌西魏画风新诠：以莫高窟第285窟工匠及粉本问题为核心[J]. 敦煌研究，2015（02）：4-14。

6. 郭萍. 张大千敦煌摹品与壁画粉本研究[J]. 四川戏剧，2014（08）：63-65。

7. 张蕊，丁观鹏.《释迦及十六尊者像屏》的粉本来源及其艺术特色[J]. 故宫博物院院刊，2013（06）：127-138+161。

8. 卜友常. 论南阳汉代画像石粉本流传的三个路线[J]. 艺术教育, 2013（03）：132-133。

9. 傅慧敏. 晚明版画中的"粉本"：以万历年间《顾氏画谱》为例[J]. 美术学报, 2012（06）：64-67。

10. 米德昉. 蒙古族鲁土司属寺东大寺《西游记》壁画内容与粉本考辨[J]. 宁夏大学学报（人文社会科学版），2012，34（04）：149-158。

11. 王倩倩. 浅谈粉本：从"货郎图"看宋代宫廷画师的工作模式[J]. 数位时尚（新视觉艺术），2011（05）：14-15。

12. 张朋川. 晋唐粉本宋人妆：四议《韩熙载夜宴图》图像[J]. 南京艺术学院学报（美术与设计版），2009（02）：41-52+162。

13. 郑立君. 从汉代画像石图像论其"粉本"设计[J]. 南京艺术学院学报（美术与设计版），2008（04）：49-53。

14. 田丁丁. 浅析本土绘画中的独特表现形式：粉本十八描[J]. 新西部（下半月），2008（01）：216。

15. 刘虎. 明代书籍木刻插图粉本的来源[J]. 装饰，2006（08）：27-28。

16. 薄松年. 珍稀的陕西民间画工粉本[J]. 中国书画，2004（04）：26-31。

17. 李清泉. 粉本：从宣化辽墓壁画看古代画工的工作模式[J]. 南京艺术学院学报（美术与设计版），2004（01）：36-39。

18. 胡素馨，唐莉芸. 模式的形成：粉本在寺院壁画构图中的应用[J]. 敦煌研究，2001（04）：50-55。

19. 银儿. 话说"吴家粉本"：吴冠中的艺术风格[J]. 名作欣赏，

1992（03）：126-130+2。

20. 张建宇. 敦煌西魏画风新诠：以莫高窟第 285 窟工匠及粉本问题为核心 [J]. 敦煌研究，2015（02）：4-14。

21. 高海平. 陕北村落流传民间壁画粉本的考察与研究：以《陕西省艺术馆馆藏民间画师手稿精品集》为例 [J]. 艺术探索，2015，29（03）：85-90。

附录

中国古代名家参加绘制壁画的记录整理

画家		绘画风格	绘制壁画的地点	佛画图本名称	壁画风格的评价
三国	曹不兴	曹不兴十分善于画龙、虎等，尤其擅长画佛像，因此曹不兴被人们称为"佛画之祖"，是有文献记载的最早的一个传奇画家，有"落墨为蝇"的传奇故事。			由于年代久远，曹不兴没留下什么画迹。但是，之后著名画家卫协直接继承了他的画风，从卫协的画迹中可以看到曹不兴的绘画功底。
西晋	卫协	师于曹不兴，与张墨并称"画圣"。作道释人物，冠绝当代。其白描细如蛛网而有笔力；其画人物，不敢点睛。《北风诗图》，巧密于情思，世所并贵。		《七佛》《夏殷大列女》《毛诗·北风图》	谢赫品其画："古画皆略，至协始精。六法之中，迨为兼善……陵跨群雄，旷代绝笔。"并将其列在第一品，位在曹不兴之下，张墨、荀勖之上。
东晋	顾恺之	密体	瓦棺寺。	维摩诘像	"有清羸示病之容，隐几忘言之状"；"目若将视，眉如忽颦，口无言而似言，鬓不动而似动"。
		《洛神赋图卷》（局部）宋摹本			
	戴逵	他能参酌时人的审美时尚，改梵为夏，所画道释圣贤人物为"百工所范"。	瓦棺寺、浙西甘露寺大殿西壁。	《识鉴》《五天罗汉图》《文殊像》	《世说新语》说："年十余在瓦官寺画"，"中年画行像甚精妙"。

163

	画家	绘画风格	绘制壁画的地点	佛画图本名称	壁画风格的评价
南朝刘宋	陆探微	笔势连绵的"一笔画"。陆探微的绘画能结合晋、南朝刘宋时期的审美风尚因笔势连绵不断，称为"一笔画"。赋予佛教人物神清气远、清丽瘦劲的神仙品格，创出了独领画坛的道释画风格样式。	瓦官寺、润州甘露寺壁等京邑不少重要的寺庙。	《菩萨狮子》《无量寿佛像》《降灵文殊像》《净名居士像》《托塔天王像》《摩利支天菩萨像》	唐张彦远在《历代名画记》谓："陆公参灵酌妙，动与神会。笔迹劲利，如锥刀马。秀骨清像，似觉生动，令人懔懔若对神明。"
		《竹林七贤与荣启期》砖画北壁			
南朝齐国	惠觉僧人		由他摹写的洛阳白马寺绘有"千乘万骑"的宝台样，在画工中视为范本，一直到唐代还见流传。		
	宗测		永业寺佛影台。		时称"妙绝"（《南齐记》）。善图寺壁，并又佛像图本传世的一时名手。
南朝梁国	张僧繇	"笔才一二，象已应焉"的"疏体"佛画以简洁的线条勾勒轮廓，用颜色晕染出立体的效果。这种新的人物画面貌，被称为"张家样"。	唐代保存他画迹的寺院在江宁有瓦官寺、高座寺、开善寺，江陵有惠聚寺、延祚寺、天皇寺等，长安有净域寺、定水寺、天宫寺等，浙西有甘露寺等（《历代名画记》"两京外州寺观画壁"）、一乘寺。	诸经变相、在隋唐宫廷和民间珍藏的有《行道天王像》《维摩诘像》《宝志像》《醉僧图》《定光佛像》《二菩萨像》等多幅（《贞观公私画史》《历代名画记》卷七）	南陈姚最说他"善图寺壁，超越群工。朝衣野服，古今不失；奇形异貌，殊方夷夏，皆参其妙"（《续画品》）。这段话表明了张僧繇在图绘寺壁的过程中，善于吸收外来的绘画技法，大胆尝试，夷夏参用。
		《五星二十八宿神形图卷》（宋摹本）绢本（局部）　27.5cm×489.7cm　故宫博物院藏			
北齐	杨子华	"疏体"。	邺中的北宣寺和长安的永福寺。	《北齐校书图》	笔下的人物"简易标美，多不可减，少不可逾"。
		《北齐校书图》			

164

时代	画家	绘画风格	绘制壁画的地点	佛画图本名称	壁画风格的评价
北周末隋初	曹仲达	曹之笔，其体稠叠，而衣服紧窄，如同刚出水时衣服紧贴在身上而富有立体感，被称为"曹家样"。新疆石窟壁画和青州出土的佛像实例，可作为了解"曹家样"面貌的参考。	开业寺和兴善寺舍利塔。	青州出土塑像	曹仲达创造的梵像样式，郭若虚的《图画见闻志》说得最简明："曹之笔，其体稠叠，而衣服紧窄，故后辈称之曰：吴带当风，曹衣出水。"所谓"曹衣出水"，是指用紧匝的线条，按人体的起伏结构勾勒衣纹，能充分地显示人体的美感，就像衣服被水湿过一样紧贴着身体。
	田僧亮		光明寺小塔西壁、南壁。		
	董伯仁		定水寺、海觉寺、光明寺（大云寺）、崇圣寺，东都的龙兴寺、天女寺。	《弥勒变》	"一自河北，一自江南，初则见轻，后乃颇采其意。"二人在绘画上各有所长，不因循前人，表现人物能生动地捕捉各种情态，时人以"董、展"并称。
	展子虔	汤垕在《画鉴》中说展子虔"画人物描法甚细，随以色晕开。余常见《故实人物》《山水》《人马》等图，又见《北齐后主幸晋阳宫图》，人物面部神采如生，意度俱足，下为唐画之祖"。		《法华变》《伫立观音》《太子游四门》	
		展子虔《授经图》台北故宫博物院			
	郑法士	追随张僧繇而成名。	光明寺小塔东壁、北壁。		《历代名画记》卷八记载：杨契丹、郑法士、田僧亮三人同在光明寺小塔作壁画，郑画东壁、北壁，田画西壁、南壁，杨画外边四面，时称"三绝"。
	杨契丹		光明寺小塔外边四面、佛涅槃变和维摩变。		
隋朝	孙尚子	善为战笔之体，甚有气力，衣服手足，木叶川流，莫不战动，唯须发独尔调利。画妇人亦有风态。			
唐朝	尉迟乙僧	其父尉迟跋质那，善画外国人物及佛像。受其影响，"画外国人及菩萨，小则用笔紧劲，如屈铁盘丝，大则洒落有气概"（《历代名画记》卷九）；"用色沉着，堆起绢素而不隐指"（汤垕《画鉴》）。画中的人物"身若出壁"，"逼之凛凛然"。	长安的慈恩寺、奉恩寺、光宅寺曼殊堂、普贤堂。在长安还画过兴唐寺、罔极寺壁画和安国寺塔内壁画。	《千钵文殊》《降魔变》《宣和画谱》记载，宋时御府所藏乙僧的画计有：弥勒佛像一、佛像一、佛从图一、外国佛从图一、大悲像一、明王像二、外国人物图一8件。	段成式在《寺塔记》中对他的《降魔变》壁画特加称道，说他的"四壁画像及脱皮白骨，匠意极险。画变形三魔女，身若出壁"。

165

画家	绘画风格	绘制壁画的地点	佛画图本名称	壁画风格的评价
	图1 莫高窟第361窟《千手千钵文殊变》　图2 尉迟乙僧《护国天王像》轴　美国国立亚洲艺术博物馆藏			
张孝师	画亦多变，不失常途；惟鬼神地狱，尤为最妙，并可称妙品。		《鬼神地狱》	传吴道子以他的《地狱图》为蓝本，画成著名的《地狱变相图》
孙位	擅长画释道人物、鬼神松石等，他的作品笔墨精妙，豪迈奔放，富有情趣。壁画惟妙惟肖，气势不凡。	应天寺、昭觉寺、福海寺。	《说法太上相》《高逸图》《维摩图》《神仙故事图》《四皓弈棋图》等	
	唐代　孙位《高逸图》			
吴道子	"早年行笔差细，中年行笔磊落，挥霍如莼菜条，人物有八面生意活动。""其赋彩，于焦墨痕中略施微染，自然超出缣素，世谓之吴装。"（汤垕《画鉴》）"吴家样"。	东部洛阳的弘道观及洛阳北邙山老君庙东、西两壁。	《东封图》《五圣千官图》《地狱变》《金刚变》《弥勒下生变》《除灾患变》《智度论色偈变》《业报差别变》《日藏月藏变》《明真经变》《道子墨宝》	朱景玄的《唐朝名画录》说他"年未弱冠，穷丹青之妙，浪迹东洛，时明皇知其名，召入内供奉"；诗人杜甫目睹了洛阳玄元庙的《五圣千官图》，赋诗赞赏："画手看前辈，吴生远擅场。森罗移地轴，妙绝动宫墙。五圣联龙衮，千官列雁行。冕旒俱秀发，旌饰尽飞扬。"
	《释迦三尊图》吴道子　水墨　日本东福寺藏			

166

画家	绘画风格	绘制壁画的地点	佛画图本名称	壁画风格的评价
吴道子粉本				所作的多种变相具有各个不同的情境与气氛，塑造的形象"奇踪异状"，无一同者。所画天女"窃眄欲语"，菩萨"转目视人"，而力士"虬须云鬓，数尺飞动，毛根出肉，力健有余"。
				段成式评他的《地狱变》："吴道玄白画地狱变，笔力劲怒，变状阴怪，睹之不觉毛戴。…"又诗如下："惨淡十堵内，吴生纵狂迹。风云将逼人，鬼神如脱壁。"
				自吴道子画过景云寺地狱变后，"京都屠沽渔罟之辈，见之而俱罪改业者往往有之，率皆修善"，其感人之力由此可见一斑，时人称他为"画圣"。
	《道子墨宝·搜山图》　白衣观音 吴道子粉本			
	《送子天王图》　日本大阪市立美术馆藏			
卢棱迦	善画罗汉及寺庙壁画，是亲传吴道玄"手诀"的弟子。	庄严寺、成都大慈恩寺。	《六尊者像》《十八罗汉图》《渡水僧图》《行道高僧》	卢棱伽专擅画佛像和经变故事，曾与吴道子在长安庄严寺壁对画神像。吴道子见了卢棱伽的绘画，觉得他有很大的长进，酷似自己的笔法，于是惊叹说："此子笔力，当时不及我，今乃类我。是了也，精爽尽于此矣。"

画家	绘画风格	绘制壁画的地点	佛画图本名称	壁画风格的评价
		唐代 卢棱伽《六尊者像》（局部）		
中晚唐 周昉	"周家样"，他作画"初效张萱，后则小异，颇极风姿"。以画贵族人物、绮罗仕女而擅名画坛。因而他的画"全法衣冠，不近闾里"。作仕女为浓丽丰肥之态，作品中透出一股富贵气质。周昉创造的最著名的佛教形象是水月观音。	长安章敬寺。 榆林窟第2窟水月观音	《水月观音》《天地水三官像》《五星真形图》《四方天王像》《托塔天王图》《星宫像》《六丁六甲神像》《九子母图》《北极大帝圣像》《行化老君像》	张彦远《历代名画记》卷三："（西京）胜光寺……塔东南院周昉画水月观自在菩萨掩障、菩萨圆光及竹，并是刘整成色。"卷十又载"（周昉）妙创水月之体"。
中晚唐 韩干	描绘佛教人物一方面遵照佛像仪范，同时也注意对现实人物的观察和表现。	长安宝应寺。	《释梵天女》 《照夜白》	道政坊宝应寺。"今寺中释梵天女，悉齐公妓小小等写真也。寺有韩干画下生帧弥勒，衣紫袈裟，右边仰面菩萨及二狮子，犹入神。"
北宋 赵光辅	赵光辅精于鞍马，也精于释道人物，画中线条流畅自如，笔锋劲利，被称为"刀头燕尾"。画法造型准确清晰，刻画细致入微，有唐代大画家吴道子的遗风。		《五百罗汉图》《番王礼佛图》 北宋（传）赵光辅《番王礼佛图》	
北宋 武宗元	武宗元善画释道、人物、神鬼等，走笔如行云流水，尤其是白描技法，在当时堪称一绝。		《朝元仙仗图》	他的传世作品《朝元仙仗图》卷，是传诵千古的白描典范，仿吴道子而作，却有自己的风格特点，与唐人交相辉映。

画家	绘画风格	绘制壁画的地点	佛画图本名称	壁画风格的评价
李公麟	《朝元仙仗图》			
	其一生擅长于释道、鞍马、人物等，在界画和白描技法上，拥有极高的造诣，尤其在白描创作上，是承前启后、开宗立派的大师。		《临韦偃牧放图》《免胄图》《维摩诘说法图》	自李公麟后，白描才成为中国传统绘画艺术技法中独立的画科，也是北宋以来传统绘画创作的基础。
	宋（传）李公麟 《维摩演教图》卷			
	《西岳降灵图》（局部）			

致谢

　　书稿交给编辑时我仍心中忐忑，希望通过以后的不断积累，更全面地梳理，再版后能够更加完善和全面。在此，首先感谢我的导师孙景波先生，先生宽广的学术胸襟、深厚的文化修养是我身后强大而坚实的后盾与支撑。感谢论文导师殷双喜先生，教我论文的正确写作方法，培养我在文章中的逻辑关系能力。感谢罗世平老师诙谐、平和、博学，为我的宗教绘画解答了许多疑难和不解。感谢王颖生老师，在中国传统壁画理法中从理论到实践扎实的专业素养的讲解和答疑。感谢法国的戴海鹰先生对我的专业的指点和抬爱！感谢敦煌的侯黎明所长和李波老师，还有一大拨共同学习的师兄弟们，他们是我学习中的榜样。感谢莫斯科国立工艺美术大学任念辰博士给我提供的专业的翻译文字。感谢江苏凤凰美术出版社的信任，感谢毛晓剑先生的支持，感谢这本书的责编王煦老师的耐心和专业编排。

　　感谢我的家人！